Gott der Gerechte!

Berlin geiht pleite!

Eine Rede, geredt zu seine Frau Hannche,

von

Jakob Leibche Tulpenthal,

emanzepirter Iserlit aus dem Großherzogthum Posen.

(Preis 1 Sgr.)

Titel eines Flugblatts, 1848

Gneisenaustraße 2 · 10961 Berlin
www.transit-verlag.de

Umschlaggestaltung und Layout: Gudrun Fröba
Bild des Autors: Kai Uwe Heinrich
Druck und Bindung: Pustet GmbH, Regensburg
ISBN: 3-88747-178-4

EKKEHARD SCHWERK

Gott der Gerechte

BERLIN GEHT PLEITE!

: TRANSIT

Inhalt

Dieser Band offeriert eine Auswahl meiner sonntäglichen Kolumnen, die seit 1996 im «Tagesspiegel» als «99 Zeilen Schwerk» erscheinen. Es waren stets nur neunundneunzig Zeitungszeilen. Dahinter steht der Versuch, plaudernd von meiner Stadt Gebrauch zu machen, ihr etwas abzugewinnen, was über Berlin, vielleicht über den Tag hinaus gültig ist.

Mir kommt es auf die Augenblicke an, und die sind bekanntlich kurz. Ich will es bei jeweils 99 Zeilen belassen; von der hundertsten an hat der Leser das Wort.

Berlin, im Sommer 2002
Ekkehard Schwerk

Wo Tucholsky der Hafer stach

Von seiner Stadt macht gewinnbringend Gebrauch, wer auch mal durch deren Portale in respektable öffentliche Gebäude geht. Heute also ins Haus 1 der Staatsbibliothek Unter den Linden. Ich gehe gern – erst gestern wieder, weil auch sonnabends geöffnet ist – hinein und sei es auf ein kleines Stündchen, Flucht vor dem überdrehten Gewese draußen. Ich gehe sodann mit der Stiftung Preußischer Kulturbesitz eine «öffentlich-rechtliche Beziehung» ein, wie's juristisch hieb und stichfest fürs Benutzen beider «Stabi»-Häuser in der Ordnung steht. Beide – das jüngere steht in Tiergarten – bilden ja ein großes Ganzes bei aller Unterschiedlichkeit der Gehäuse. Die Vereinigung ist aber erst dann vollendet, wenn auch alle noch bis nach Krakau hin verstreuten Bestände (bedingt durch Auslagerungen im Kriege) endlich beisammenliegen. Erst wenn – ein Beispiel nur – Mozarts Urschrift von «Figaros Hochzeit» nicht mehr zwischen Berlin und Krakau zerrissen ist, bekommt das Finale Hintersinn: «Ah! tutti contenti saremo cosi» (ach, so wären wir alle zufrieden).

Die Staatsbibliothek Unter den Linden wurde in den Jahren 1903 bis 1914 gebaut. Dreißig Jahre später durchschlug eine Luftmine die prächtige Lesesaalkuppel, explodierte verheerend. Fotografien zeigen, was der Krieg an diesem Bücherpalast angerichtet und – wie beim Kuppelsaal – vernichtet hatte. Hier stach Kurt Tucholsky der Hafer: »Beschäftigt mit meinem Werk ‹Die Hämorrhoiden in der Geschichte des preußischen Königshauses›, blätterte ich neulich versonnen in einem Katalog der Staatsbibliothek ... und strahlend versenke ich mich in das Meer von Geschreibsel ... Hier ist es schön still, in der Bibliothek. Draußen klingeln die Bahnen: hier muffeln kurzsichtige Professoren in dicken Wälzern, freundliche, wenn auch großfüßige Mädchen laufen hin und her, die Bibliothekare sehen aus, als wollten sie alle Studenten, die nicht Bescheid wissen, auffressen – eine Insel der Seligen.»

Was hätte er wohl zu jenem kühnen Entwurf einer «lustvollen, dem Menschen gemäßen, auch fröhlichen Bibliothek» bemerkt, die der Italiener Umberto Eco in seiner großen Mailänder Rede beschworen hatte: «Tagtäglich geöffnet bis Mitternacht, freier Zugang zu Magazinen, freier Zugriff auf alles, Schmuse-Abteile für verliebte Leser, Räume für Hungrige und Raucher: Die Grundfrage ist, ob man will, daß die Bücher gelesen werden können, oder nicht ...»

Wo eine Bibliothek nicht als geheiligter Ort aufgefaßt wird, geschaffen nur für großfüßige Mädchen, kurzsichtige Professoren und beflissene Studenten, sondern als Raum zum Schmökern, ja auch Träumen, wäre schon viel gewonnen. Das Haus Unter den Linden ist hierfür einladend wie kein zweites der Stadt. Diese herrlichen Säle, große und kleinere: fast alle haben sie Emporen, auf denen weitere Regale stehen. Treppchen führen hinauf auf Galerien, hinab in Magazine oder hinüber durch Öffnungen in den Regalen in kleine Kabinette (geeignet zum Schmusen!). Im Musiklesesaal steht ein Flügel. Er wird auch auf Kammermusikabenden in schönster Umrahmung gespielt.

Gegenwärtig «klingt» aus den Innenhöfen durch die geöffneten Fenster die alles übertönende «Großstadtmelodie» der Baustellen. Hier müssen nun Schäden behoben werden, die aus der Nachkriegszeit stammen. Beim Bau des Internationalen Handelszentrums war das Grundwasser derart gesunken, daß die hölzernen Pfähle, auf denen ja alle alten Gebäude der Berliner Mitte im Sumpf ruhen, morsch wurden. Nun wird stabilisiert.

Und so finden sich in dem hübschen, schmalen Casino vor intarsienverzierten Paneelen zur Mittagszeit nicht nur kurzsichtige Professoren, großfüßige Mädchen, zuweilen ein traumseliger Journalist bei preiswerter Hausmannskost ein, sondern auch Bauarbeiter, einheimische wie britische. Durch die geöffneten Fenster zum Brunnenhof, dem Entrée zur allerschönsten Bücherstätte Berlins, steigt hoch die Fontäne. Ihr Plätschern begleitet den Gesang der Vögel, die sich im Rankwerk des Weins für diesen Sommer hier wieder einrichten. Portal zur Insel der Seligen.

5. Mai 1996

Eine Werkstatt der «Einheit»

Die Spandauer St. Nikolaikirche ist gegenwärtig eine Werkstatt – nach dem Turm und dem Dachstuhl nun das Schiff. Der 1581 geweihte Hochaltar, der Taufkessel von 1389, die Kanzel auch sind verhängt, das Gestühl ist entfernt, damit die Handwerker freie Hand haben und die Kisten Platz. Alles geht hier auf eine wohltuend unaufgeregte Art vonstatten, und das mag vielleicht auch damit erklärt sein, daß Spandau eben nicht wirklich «Berlin» ist.

Das Herz von Spandau schlägt mit den Glocken von St. Nikolai. Der Krieg hatte die Altstadt fast zunichte gemacht, richtete aber – gottlob – an Nikolai nur beträchtlichen Turmschaden an. Das war Verpflichtung genug, dem Gotteshaus auf dem Reformationsplatz jedwede Heilung zukommen zu lassen. Mit dem Turm wurde vor ein paar Jahren der Anfang gemacht; sein Inneres folgte vor sieben Jahren noch vor der alles verändernden Wende. Die Heilung vom Schädlingsbefall des in sechshundertdreißig Jahren auf wunderbare Weise trotz Feuersbrünsten und Krieg erhaltenen Dachstuhls war dann ein Muster, wie Denkmalpflege und Handwerker mit Behutsamkeit und schonenden Methoden das Erbe behandelt hatten. Allen angehenden Zimmerleuten sei geraten, sich anzuschauen, was Handwerker vor sechshundertdreißig Jahren vermochten.

Nun also sind Orgelbauer seit Ostern hier am Werke. Sie kommen von der Firma Hermann Eule in Bautzen. Als ich das neulich an Ort und Stelle zufällig erfuhr, ließ ich Turm Turm sein samt Fontanes Beziehung zu ihm. Hier geht es nämlich um ein sehr persönliches, dessenungeachtet statthaftes, beispielhaftes Erleben dessen, was mit dem doch recht abgenutzten Begriff der «inneren Einheit» sehr schwach bezeichnet ist. Ich stamme aus Bautzen. Und die Firma Hermann Eule war mir von Kindesbeinen an vertraut. Sie galt uns nebst dem viel älteren erzgebirgischen Orgelbauer Silbermann immerhin als die zweitbedeutendste. Wer bei Eule in die Lehre ging, war in meinen kindlichen Augen geradezu umweht von einer kaum zu benennenden Bedeutung. Wer kann schon Orgeln bauen?

In der Spandauer Nikolaikirche traf ich nun sozusagen am dritten Ort Eule-Handwerker, die spreeabwärts gekommen sind, um hier für etliche Monate einzurichten, was sie in Bautzen gebaut hatten. Eberhard Kassner ist einer von ihnen. Wir gerieten sogleich – obschon wir uns nie zuvor sahen, aber voneinander gehört hatten – in eine fast schon lärmende Vertrautheit, die den erstaunten Umstehenden kaum hinreichend erklärt werden konnte. Das sind so die Momente, in denen die deutsche Einheit alles von ihrem kalten Pathos verliert, immer wieder als etwas ganz Neues an unvermutetem Ort empfunden werden kann – in Berlin, wo sich vieles schürzt, allemal. In diese kleine «Vereinigungsfeier» in der doppelsinnigen Werkstatt St. Nikolai trat ein weiterer Akteur, der dem Ganzen noch eine landsmannschaftliche Abrundung gab: der Tischler-Wandergeselle Martin Schreiber aus Kirchheim unter Teck (Baden-Württemberg). Er war gekleidet mit der traditionellen Kluft der «Schächte», also der wandernden Gesellen. Dazu gehört der Zylinder, den ein traditionsbewußter Wanderbursche aber vor niemandem zieht. Hier aber in St. Nikolai setzte er ihn ab: «Das ist eine Kirche.»

Der junge Mann aus der Schwäbischen Alb war neugierig aufs endlich zugängliche große Ganze und lenkte seine Wanderschritte in die Oberlausitz nach Bautzen, wo ihn Eule nahm. Er rundete mit dieser Station seine zweijährige Wanderschaft ab. In Berlin sah er sich nun an, woran er in Bautzen mitgearbeitet hatte. Und wenn zum Erntedankfest die neue Orgel aus Eules Bautzener Werkstatt in St. Nikolai geweiht, der Geselle hoffentlich dabei sein wird, ist das Gotteshaus nicht mehr eine Werkstatt, deren doppelten Sinn der junge Geselle sehr wohl empfunden und damit eine Menge von Berlin – und sei es in Spandau – begriffen hat.

12. Mai 1996

Bildgeschichte

Vor mir liegt ein Bild, Ölkreide auf einem gefährdeten Blatt; denn das Blatt mit allseits feingezackten Rändern aus einem Schulzeichenblock wurde vor ungefähr siebzig Jahren bemalt. Das Bild trägt keine Signatur. Aber ich weiß, wer es gemalt hat: ein vergessener, demzufolge leider den Literaturfreunden vorenthaltener Berliner Schriftsteller, der auch ein sehr begabter Maler war – Paul Gurk (1880-1953). Das Bild zeigt herbstlich geschüttelte, schwach aufgeschossene Bäume an einem sanften Hang, zwischen ihnen Strauchwerk, kaltgrün mit kleinen Schwüngen gemalt, violett, braun, auch gelb durchwirkt. In der Bildmitte leuchtet mit sterbendem Blau die Andeutung eines Teiches, vielleicht ist's auch nur die Regenpfütze auf Brachland. Dahinter liegt verschwommen der Stadtrand mit einem Hochspannungsmast. Der Stadthimmel hängt tief und dunstig, in ihm schwimmen ein Kirchturm, Häuser. Es war vor langer Zeit in meinen Besitz gelangt. Da fängt die kleine Geschichte an.

Ich hatte es vor ein paar Tagen – auf Abenteuertour in die tiefsten Höhlen meines Schreibtisches – wieder entdeckt. Es lag zuunterst in einem Stapel alter Briefe. Vor vielen Jahren hatte mich ein Verlag gebeten, für Paul Gurks Roman von 1935 – «Tresoreinbruch» – ein Nachwort zu verfassen. Ich machte mich damals auf nach Wedding zu einer älteren Frau – ich glaube nahe Schillerpark –, die den großen Nachlaß von zumeist unveröffentlichten Manuskripten und Bildern Paul Gurks hütete. Frieda Ramsauer hatte dem keineswegs auf Rosen gebetteten, umso mehr auf Dornen wandelnden Schriftsteller in Wedding den Haushalt versehen, ihn auch zu Grabe getragen, sein Grab in Wedding auf dem Dom-Friedhof gepflegt. Ich erinnere mich, die Behörden bei den Ohren genommen zu haben, dies Grab nun endlich – wie bei Gurks Beisetzung 1953 versprochen – in Pflege zu nehmen. Frau Ramsauer hatte mir zum Abschied angeboten, aus dem Bilderstapel eins auszuwählen. Gurks Werk umfaßt ungefähr fünfzig Bühnenstücke, dreißig Romane, dreiundfünfzig Novellen, viele Gedichte, Märchen auch und anderes, annähernd sechshundert Aquarelle, Zeichnungen, Radierungen und Öl. Eins ist meins. Uns zur Hand sind wohl nur besagter «Tresoreinbruch» und der Roman «Berlin». Beides – ich schreibe hier keine Literaturkritik – sind lebensstrotzende, sprachgewaltige und fein gesponnene Werke. Berlin ausgesprochen oder angedeutet im Mittelpunkt. Der Autor, geboren in Frankfurt an der Oder am 26. April 1880 als Sohn eines Postkutschers, war fünfjährig Berliner, später Bürogehilfe beim Magistrat geworden. Er stieg auf zum Stadtobersekretär im Hauptstandesamt. Was dort an einseitig bedrucktem Papier ausgedient hatte, nahm Gurk als Manuskriptpapier. Zum Schreiben drängte es ihn früh und stets. Er wohnte ungünstig. Es war auch nachts Lärm ums Haus. Also schrieb er oft in der Ringbahn. Die höchst bescheidene Bezahlung im Hauptstandesamt wog wenig gegen den Stumpfsinn dort. Und Stumpfsinn um einen herum stellt jeder Schreibelust tücksche Beine. Gurk quittierte den Dienst, wurde freier Schriftsteller. Und malte. Und fand zum Beispiel bei Alfred Döblin Anerkennung, was in dessen Band «Ein Kerl muß eine Meinung haben» nachzulesen ist. Döblin bewirkte, daß Gurk von der Kleiststiftung ein Preis für seine Arbeiten zuerkannt wurde: er «verdient Dank für die Versenkung in den Mythos, für seine reine, einfache Herstellung vor vielbestürmtes, vielverdorbenes Publikum.»

Das ist die kleine Geschichte, die mit einem nun aus der Schubladenenge befreiten Bild in Zusammenhang steht. Es bekommt einen Rahmen. Und ich werde den Roman «Berlin» wieder lesen, den Paul Gurk 1923 – vielleicht auf der Ringbahn – begonnen und 1925 beendet hatte: «Ich bin Berlin – und habe alle Landschaft in mir!»

2. Juni 1996

Im Tagebuch sind's fünf Zeilen

Fünf Zeilen für jeden Tag; das zwingt zur Konzentration, zur Besinnung aufs Wesentliche. Diese sich selbst auferlegte Fünf-Zeilen-Disziplin übt eine jetzt fünfundachtzigjährige Berlinerin aus Friedenau seit sage und schreibe siebenundsechzig Jahren – Tag für Tag. Sie hatte 1929 damit begonnen, Tagebuch zu führen. Da war Christiane Spiero achtzehn Jahre alt. Und sie war in jenem Jahr mit der Preußischen Rettungsmedaille am Bande ausgezeichnet worden. Als Sechzehnjährige hatte sie nämlich eine fünfunddreißigjährige Mutter dreier Kinder, aus der Ostsee vor dem Ertrinken gerettet. Als Christiane – nun verheiratete Ilisch und Mutter – ihr drittes Kind erwartete, rettete diese Rettungsmedaille zwei Menschenleben: die der Eltern. Die Eintragung im Tagebuch unterm 23. April 1943, einem Karfreitag, endet mit dem Satz: «Es geht für uns wieder die Sonne auf».

Die Geschichte mit besagter Rettungsmedaille spielte in Berlin und zwar in der Großen Hamburger Straße, wo das Jüdische Altersheim gestanden hatte. Es war von den Nazis zu einer der berüchtigten Stellen gemacht worden, von denen aus jüdische Menschen in die Mordlager verschleppt wurden. Dieser Handlungsort betraf Christianes Familie, insonderheit ihren Vater Heinrich Spiero, der übrigens ein angesehener Literaturhistoriker und Essayist war. Er war zwar ein getaufter, bekennender Christ, aber er entstammte einer jüdischen Familie. Nach der satanischen Einteilung war er «Volljude», was die Nazis mit Zusatznamen – bei Männern «Israel», bei Frauen «Sarah» – in den Ausweisen kenntlich machten. Heinrich Spieros Frau, Christianes Mutter, war nach dieser Nazi-Einteilung «Halbjüdin». Sie waren an jenem Karfreitag 1943 zu zehn Uhr zwecks Registrierung in die Große Hamburger Straße befohlen worden. Christiane und ihr Mann begleiteten die Eltern; denn was dieser Termin bedeutete, war klar: Tödliche Verschleppung.

Bereits am U-Bahnhof Oranienburger Tor, wo die bedrückte Familie aus Friedenau kommend ausstieg, war das Straßenbild beherrscht von den vielen Leidensgefährten, die der Großen Hamburger, einem allzu gewissen, unentrinnbaren Ziel entgegengingen. Christiane hatte ihre Preußische Rettungsmedaille angeheftet. Das fiel dem wortführenden SS-Mann auf, der nun wissen wollte, was dieser «Apfelsinenorden» zu bedeuten habe. Christiane klärte ihn und die bald zusammengelaufenen SS-Leute darüber auf. Und nun geschah das Sonderbare: der SS-Mann, dem Gewalt gegeben war, nach eigenem Gutdünken über Leben und Tod Unschuldiger zu entscheiden, ließ Christianes Eltern frei, tilgte die auf den Vater schon ausgestellte «J-Kennkarte» («J» für Jude) und ließ die Familie gehen.

So hätte also ein SS-Mann ein Herz unter des Satans Gewand sprechen lassen? Das darf füglich in Zweifel gezogen werden. Da zeigte doch vielmehr ein Mann mit angemaßter Gewalt über Leben und Tod Unschuldiger, wie frei er in seiner Machtherrlichkeit sei. Die vier hier nun Geretteten waren fürs erste von schwerster Bedrückung frei. Doch bis zum Ende der Terrorjahre war in der Familie die Angst ein ständiger Begleiter, es könnte doch noch alles eine andere Wendung nehmen. Die Eltern erlebten die Befreiung von den Nazis.

Frau Ilisch war kürzlich mit Freundinnen zur Neuen Synagoge, Centrum Judaicum, in die Oranienburger Straße gegangen. Beim Verlassen des U-Bahnhofs Oranienburger Tor wurde der alten Frau schwindelig, das Atmen fiel ihr schwer. Sie bat ihre Begleiterinnen, einen Augenblick allein gelassen zu werden.

In der kleinen Besinnungspause wurde ihr bewußt, was ihr soeben so zugesetzt hatte. Da standen augenblicklich die Bilder wieder vor ihren Augen: die vielen bedrückten Menschen, die an jenem Karfreitag 1943 zur Großen Hamburger Straße gingen, wo sie die SS erwartete, und die Herbefohlenen wußten, was das bedeutete. Frau Ilisch hatte diese Gegend ums Oranienburger Tor seit jenem Tage nicht wieder betreten. Nun bedurfte es dieser Besinnungspause. Die auf ihr altes Herz einstürzenden Erinnerungen mußten geordnet werden. Geordnet wie seit siebenundsechzig Jahren das tägliche Erleben. Fünf Zeilen für einen jeden Tag.

4. August 1996

Zum Gedächtnis

Alte Bäume an Geschehensorten sind so etwas wie Zeugen – weil sie überlebt haben, Zeiten überbrücken. Das hat etwas Tröstliches. Hier sind es starke Linden, die ein mannshohes Holzkreuz am Wegrand beschatten, es in ihre Mitte nehmen. Es wurde 1961 von der Katholischen Studentengemeinde am Stadtrand, in Staaken, zum Gedenken an ihren TU-Kommilitonen Dieter Wohlfahrt errichtet. Er war, zwanzigjährig, einer der ersten, die an der DDR-Grenze ermordet worden waren. Das Kreuz markiert den Ort des Geschehens. Es steht dort, wo die Berg- in die Hauptstraße abknickt. Nichts erinnert hier an die Grenze – nur das Kreuz, über das die Linden schützend ihr Astwerk halten.

Ich suchte das Kreuz, um vor ihm eines Mitschülers zu gedenken, den ich zwar nicht persönlich kannte, der obendrein drei Jahre jünger war. Aber uns verband eine zeitgeschichtlich bezeichnende Gemeinsamkeit. Wir waren an der Reinickendorfer Bertha-von-Suttner-Oberschule in sogenannte Ostklassen aufgenommen worden – er 1955 bis zum Abitur 1961, ich 1953 bis 1959. Wir waren Kinder aus Familien, die nicht ins gesellschaftliche Bild des SED-Regimes paßten. Folglich wurden uns damals die höheren Schulen in der DDR verschlossen. West-Berlin – obschon hierzu aus Mangel an Schulgebäuden kaum imstande – nahm uns dennoch seit 1952 in sieben solcher Oberschulen auf. Meine hatte nicht einmal ein eigenes Haus, teilte sich das mit der Friedrich-Engels-Oberschule mit Schichtunterricht für beide Schulen jahrelang. Das letzte «Ost»-Abitur fand 1965 statt. Alles in allem waren es tausend «Ostschüler», vierhundertsechsundvierzig allein aus meiner Suttnerschule.

Das betraf bis zum 13. August 1961 in den meisten Fällen Schüler, die als heimliche Grenzgänger täglich von Ost- nach West-Berlin zur Schule gingen, manchmal kamen sie auch von noch weiter her. Dann war auch ihnen mit einem Schlag der Weg abgeschnitten. Wer an jenem Sonntag gerade im Westen war, mußte sich nun zwischen Schule und Familie entscheiden. Wer bei der Familie im Osten war, dem wurde solche Entscheidung zwangsweise abgenommen.

Die Bertha-von-Suttner-Schule, Lehrer wie viele Schüler und Schuleltern, setzten eine Hilfswelle in Bewegung, die zwar nicht die Grenze wegspülen konnte, wohl aber den Abgeschnittenen – so gut es eben ging – zu Hilfe kam: mit unterirdischen Fluchtwegen, mit gefälschten Pässen, mit Zuspruch nach drüben und Versorgung der hier Überraschten, die ja nichts bei sich hatten als die Schulmappe. Es gibt übrigens noch in pfleglicher Verwahrung bei einer pensionierten Lehrerin viele Briefe, die damals aus dem «Osten» zu ihr geschickt wurden. Ihre Wohnung war so etwas wie die Zentrale der Hilfsorganisation, der sich sogar westdeutsche Jugendliche angeschlossen hatten, um Grenz-Kurierdienste zu leisten.

Auf seine Weise verschrieb sich der junge TU-Student Dieter Wohlfahrt der uneigennützigen Fluchthilfe. Viel war ihm gelungen. Aber am Ende stand der für ihn tödliche Verrat. Die ihn um Fluchthilfe hier an dem Staakener Stacheldraht (eine Mauer wurde erst später gebaut) bat – eine ihm unbekannte Frau –, war ein Lockvogel. Dieter wurde bereits von den Schützen erwartet, sie hatten ihm aufgelauert, ihn den ersten von drei Drahtverhauen durchtrennen lassen. Dann schlich sich einer an ihn heran, erschoß ihn mit der Pistole aus nächster Nähe. Hier, wo jetzt das Kreuz steht. Und am Kreuz ist sein Bild befestigt. Es ist eine vergrößerte Profilaufnahme, offenbar aus einem Bildzusammenhang genommen. Hier nun, am Kreuz, ist's das Bild dessen, der aus dem Leben gerissen wurde, als Zwanzigjähriger vor fünfunddreißig Jahren.

Als Schüler waren wir uns nicht näher gekommen. Nun stehe ich vor dieser Fotografie und versuche mir ein Bild von Dieter Wohlfahrt zu machen, hier unter alten Bäumen an einer Straßengabelung, an der sein kurzer Lebensweg endete. Eine Klassengefährtin von ihm sah ihn mit jahrzehntelangem Abstand so: «Er verknüpfte Bekanntes mit Erdachtem, konstruierte in Gedanken noch nicht Dagewesenes in ungewöhnlicher Weise.» Und er soll Sätze oft so begonnen haben: «Könnte man nicht auch ...»

25. August 1996

Sagenhaftes Haus

Vorm Haus Brüderstraße 10 (Mitte) fragte ich dieser Tage eine Frau, ob sie wisse, daß dieses Haus das «Galgenhaus» genannt wird? Sie sagte: «Wenn Sie's sagen, dann wird's wohl so sein.» Würdigte das Haus keines weiteren Blickes und entschwand. Nun ist zu hören, daß die Sache mit dem Galgen, also das mit dem Minister von Happe, dessen Hausmädchen, dem silbernen Löffel und der Ziege sich weder so noch hier abgespielt habe. Es soll – sagt man – neueste Forschungen geben, die dieses Drama mit anderen, langweiligen Personen besetzen und an eine andere, zudem nicht mehr erhaltene Stelle verlegen. Liebe Leute, laßt euch gesagt sein: Diese sagenhafte Geschichte mit dem noch vorhandenen Handlungsort lassen wir uns nicht wegforschen. Die hübschesten Geschichten im geschichtlichen Rahmen nennt man Sagen. Und Sagen besagen viel.

Zum Galgenhaus: Da lesen wir, was zwei Häuser weiter in Nummer 13 dessen wohl bekanntester Bewohner, der Buchhändler und Schriftsteller Friedrich Nicolai, in seine «Beschreibung der Königlichen Residenzstädte Berlin und Potsdam» anno 1786 notiert hatte: «Der Staatsminister von Happe besaß dieses Haus unter K. Friedrich Wilhelm [Soldatenkönig Friedrich Wilhelm I. d. Verf.]. Von demselben kaufte es 1737 der Magistrat auf Königl. Befehl, zur Propstey. Der Minister wollte es nicht behalten, weil, nach dem damals neu ergangenen strengen Edikte wider die Hausdieberey, ein Hausdieb vor der Thüre desselben war aufgehenkt worden.»

Im Haushalt des Ministers Happe war ein silberner Löffel abhanden gekommen. Das Dienstmädchen geriet in Verdacht. Und der Berserker Friedrich Wilhelm I. hatte 1736 ein Edikt erlassen, wonach jeder Hausdieb binnen acht Tagen am Tatort öffentlich erhängt werden müsse. Das arme Dienstmädchen beteuerte zwar ihre Unschuld. Es half ihr nichts. Sie hatte «Gott zum Zeugen ihrer Unschuld angerufen», wie es in August Brass' Chronik von Berlin, 1843, steht. Auch er half ihr nicht. Eine gaffende Menge hatte sich auf der Brüderstraße versammelt, wo der Galgen vor Nummer 10 errichtet worden war. Seitdem wurde dieses – um 1685 erbaute – Haus in Berlin das «Galgenhaus» genannt. Nicht die liebe Sonne brachte die Wahrheit an den Tag, sondern eine Ziege. Sie war geschlachtet worden, und in ihrem Magen fand man den verdammten Löffel.

Auf diesem Haus lag nun ein Fluch. Der Minister fand keinen Käufer. Der Magistrat sprang ein, kaufte es für die Propstei von St. Petri. Und seither lag wieder ein bis in unsere Tage wirkender Segen auf dem sagenhaften Haus: Es blieb uns in Jahrhunderten erhalten, zwar zu Beginn des 19. Jahrhunderts hier und da ein wenig klassizistisch verändert. So beherbergt das «Galgenhaus» die Stiftung Stadtmuseum Berlin.

An der Fassade kündet eine Porzellantafel vom bedeutendsten Bewohner des «Galgenhauses»: Johann Peter Süssmilch (1707 bis 1767). Er war in dieser Propstei Propst von St. Petri. Aber seine überragende Bedeutung liegt in der von ihm begründeten Bevölkerungsstatistik. Er war der Sohn des Zehlendorfer Erbbaukrügers Elias Süssmilch. Die Familie ging nach Berlin, wo Johann Peter Naturwissenschaften studierte, dann Theologie, seinem König Friedrich II. als Feldvikar im ersten schlesischen Krieg diente, dann aber Propst zu Cölln wurde. Mit Hilfe von Kirchenbüchern trieb er Forschungen zu Bevölkerungsbewegungen. Das war der Beginn der Statistik. Das epochale Werk hieß «Die göttliche Ordnung in den Veränderungen des menschlichen Geschlechts». Der Zehlendorfer Heimatkundler Kurt Trumpa hatte dieses Süssmilch-Werk im Jahre 1967 als Reprint in der Universität Tokio entdeckt. Und Trumpa erinnert auch daran, daß Süssmilch die Pockenschutzimpfung empfohlen habe.

Die Vorstellung, daß unter der prächtigen Decke im Erdgeschoß der Minister Happe seinen Löffel gesucht hatte, was den Fluch aufs Haus zog, daß der Segen erst später mit dem Propst und Statistiker Süssmilch ins «Galgenhaus» zurückkehrte, macht einen Besuch zur Feier.

20. Oktober 1996

«Gott der Gerechte! Berlin geith pleite!»

Der auf der ersten Seite dieses Buches abgebildete Titel eines Flugblattes stammt aus dem Jahre 1848. Das Originalblatt liegt im Jüdischen Museum, dieses wiederum hängt mit dem Neuen Stadtmuseum Berlin – Landesmuseum für Kultur und Geschichte Berlins, zusammen, und «Berlin geiht pleite!» steht da als Überschrift. «Jakob Leibche Tulpenthals Rede, geredt zu seine Frau Hannche», ist geschrieben im jüdisch-deutschen Dialekt. Das ist erstens ein Vergnügen zu lesen, und zweitens stecken immergültige Wahrheiten in dieser Ansprache, übertragbar in jede Zeit; sie muß aber in Berlin verstreichen, wo sich – wie nirgends sonst – alles aus des Lebens Fülle samt Gemeinheit schürzt.

Wie man eben auf solche Kleinodien kommt. Das neue Stadtmuseum Berlin besteht ja aus mehreren Schatzburgen, eine unter den sechzehn ist das hier schon behandelte Galgenhaus in der Brüderstraße 10. Oberster Burgherr ist der Generaldirektor Reiner Güntzer, der mir das schöne «Sonderheft Stadtmuseum» mit herzlichen Grüßen schickte. Unter den vielen darin aufgeführten Kostbarkeiten und Köstlichkeiten, die Appetit auf die Museumsschätze machen, war in einen Güntzer-Aufsatz der Kopf des Flugblatts «Gott der Gerechte! Berlin geiht Pleite» eingerückt. Und da denkt man doch gleich: heissa, wie das doch wieder paßt! Es reizte mich, das ganze Flugblatt zu lesen.

Wir sprachen von Wahrheiten. Hier die erste: «Leibche-Leben» hatte nicht auf sein «Hannche-Leben» gehört. So etwas rächt sich. Was für die beiden galt, gilt zwischen Mann und Frau immer: «Leibche-Leben, haste gesagt, mer wollen nischt nach Berlin, denn mer werden kummen aus de Bärengrub in die Löwengrub! So soll ich leben, mer sein werklich gekummen in a Löwengrub! Mer is nischt mehr sicher sein Leben uf die Gass, mer is nischt mehr sicher sein Leben in de Stub ...» Und so hätte sich also reineweg – zweite Wahrheit – nischt geändert in fast hundertfünfzig Jahren: «Die Berliner sein miese Menschen von oben bis unten».

Leibche, der Weise, machte indes etwas aus der fatalen Schieflage; indem er etwas draus machte – dritte Wahrheit –, wurde er unversehens zum Berliner. Er machte sich mausig gegen die Obrigkeit: «Zürscht, soll mer Gott helfen, werr ich reden a stark Wort mit des Hohe Ministerium. Was is das vor a Werthschaft!» Dem hält er vor, was – vierte Wahrheit – es sich doch für eine Gemeinheit wieder hat einfallen lassen: «Statt gute Gesetze vor die Freiheit un Handel un Wandel un gut zu leben, kommen sie mit Gesetzercher von Zwangs-Anleihe, un große forchtbare Besteuerung.» Er fragte sein Hannchen, was er nun tun solle? Und weil er den «Ministers» eben nicht seinen schlauen Kopf aufsetzen konnte, rief er Gott an: «Dieser soll uns helfen, die Ministers helfen uns nischt! Wenn sie nit gehn ab, gehn wir unter! Un wenn nich das Volk hört uf mit de Rumores, gehn wir kapores!»

Ich sprach von den immergültigen Wahrheiten, die in diesem Flugblatt von Jakob Leibche Tulpenthal stecken, führte einige beispielhaft auf. Dies denen zur Kenntnis, die sich als «Ministers» einmal hierher in die Löwengrub begeben werden. Leibche schließt seine Ansprache an Hannche: «Hannche-Leben mein Kind, denk daran, was Dir Dein Leibche sagt: Berlin geiht pleite!»

Und das bleibt vielleicht – Gott sei gerecht! – die einzige Unwahrheit in einer weitsichtigen Rede.

3. November 1996

Eine Puppe

Das Himmelreich hat am Köllnischen Park eine Berliner Dependance. Es ist die Sammlung jedweden Spielzeugs, und diese liegt geschützt in der Schatzburg Märkisches Museum. Wir hatten Zutritt dorthin, wo sonst nur die pflegenden, guten Geister bei diesen Kostbarkeiten sind. Insgeheim hatte ich es zum Beispiel auf Anker-Steinbaukästen abgesehen und auf Dampfmaschinen, mit denen man Kräne oder ein Sägewerk – hergestellt wiederum aus Stabilbaukästen – antreiben kann; auf Puppentheater war ich erpicht, auf Uhrwerk-Eisenbahnen mit Drehgestell-Wagen – alles da. Von einem bestimmten Alter an – ungefähr in der kleinen Spanne zwischen vierzig und achtzig – kann einen so etwas schon anwandeln.

Das Märkische Museum sammelt Spielzeug aus allen Epochen. Es wird hierbei oft bedient von Menschen, die ihr Haus bestellen und dabei auf längst vergessene Stücke stoßen. Daran haften Erinnerungen an die eigene oder der Kinder Kindheit. Das abgeschmuste Gesicht eines Teddybären hat zwar alle Spuren knuddeliger Liebe, aber nun ist er von all seinen guten, kindlichen Geistern verlassen und landet womöglich – ein trauriger Anblick – bei einem Trödler im Schaufenster statt im märkischen Himmelreich, wo man seine Bärengeschichte ernst genommen haben würde.

Es ist doch so, daß uns Menschenkindern das erste – und nicht einzige – Mal alle guten Geister verlassen, sobald wir aufhören, Kinder zu sein, aufhören zu spielen; und zu spielen wird ja vielen Kindern nie gestattet. Ich bringe aus dem Märkischen Museum hierfür ein «Beweisstück» mit. Ob Bärchen oder Puppen, Baukästen oder Bahnen – an allem haften ja Geschichten von Menschen vieler Generationen; aber nicht alle sind auch überliefert, dann bleiben sie eingeschlossen in dem jeweiligen Stück, lassen sich allenfalls spielend erdenken. Jedes Stück bekommt eine Karteikarte. Und zu jeder Karte gehört auch eine knappe Beschreibung der bekanntgegebenen Geschichte.

Die Hüterin und Pflegerin des herrlich bestückten Reiches, Silvia Thyzel, führt zu einem hohen Regal, in dem bis unter die Decke Schachteln gestapelt sind. In jeder liegen Puppen, viele mit geschlossenen Augen. Wenn sie Frau Thyzel ganz zart heraushebt, «erwachen» sie, blicken uns an. Hier verwahrt sind Puppen mit kostbaren Porzellan- oder Wachsköpfen, mit maßgeschneiderter Kleidung überm alten Lederbalg. Einige lagen schon um 1800 in Kinderarmen.

Eine Puppe gelangte nicht zu dem Kind, für das sie gedacht war. Diese Puppe ist weder in ihrem Alter noch ihrem Material kostbar. Vor drei Jahren brachte sie eine Frau aus Blankenburg dem Museum. Sie ist die Tochter einer mit zweiundneunzig Jahren (1987) verstorbenen Frau. Diese hatte in Weißensee, in der Berliner Allee 1, einen kleinen Tabakladen inne, der Ende 1945 zerbombt worden war. In diesem kleinen Laden luden bei der Inhaberin viele Kunden ihren Kummer ab. Auch Frau Jacobi, die junge Mutter einer Dreijährigen. Ihr Mann war dem Zugriff der Nazis noch rechtzeitig nach England entkommen. Er hoffte, daß seine Frau, das Töchterchen wie auch die Großmutter alsbald nachkommen würden. Doch die Großmutter war sehr schwer erkrankt, und Frau Jacobi wollte sie nicht im Stich lassen, zumal auch die alte Frau in Gefahr war, von den Nazis abgeholt zu werden. So blieb also die junge Mutter mit der Dreijährigen in Berlin. Die Ladeninhaberin wollte dem Kind, das die allgemeine Bedrückung spürte, mit einer Puppe Freude machen. Ein Kunde erbot sich, das kleine Kinderglück aus Sonneberg, Thüringen, zu beschaffen, wo Spielzeug hergestellt wurde, das zu jener Zeit in Berlin nicht mehr ohne weiteres zu haben war. Als der Mann mit der Puppe schließlich zurückgekehrt war, kam aber das kleine Mädchen mit der Mutter nicht mehr in den Laden. Sie konnten nicht mehr kommen ...

Die Puppe wurde, wie ihre Überbringerin 1993 erzählte, damals aus Weißensee mit anderen wichtigen Dingen vor den Bomben in ein Wochenendgrundstück in Sicherheit gebracht. Das Kind, dem sie zugedacht war, durfte mit ihr nicht spielen. Aus fünfzigjähriger Finsternis eines alten Koffers wurde die Puppe und deren Geschichte ans Licht geholt.

24. November 1996

Manch ein Theater um ihn entsprach seiner jeweiligen politischen Vereinnahmung. Er war schon – nicht immer unverschuldet – von den gegensätzlichen Kräften des geteilten Landes im Kalten Krieg ausgebeutet worden. Und das hatte sogar Auswirkungen bis ins Allerkleinste. Unsereiner bekam das in der Schule zu spüren. Brecht vermasselte mir in den letzten beiden Schuljahren (1957/58) gute Noten in Deutsch. Das konnte er freilich nicht wissen; er war ja 1956 gestorben.

Ein erlebtes Beispiel, das ins Bild von den ideologischen Scharmützeln der fünfziger Jahre paßte: Meine damalige (mittlerweile längst verstorbene) Deutschlehrerin hatte es unerträglich gefunden, daß in ihrer Schule (Bertha-von-Suttner-Schule in Reinickendorf) zu den alljährlichen Musischen Wochen der Berliner Schulen ein Brechtstück aufgeführt wurde. Wir spielten 1957, also vor genau vierzig Jahren, «Das Verhör des Lukullus». Wir waren alle, angespornt durch einen anderen, sehr aufgeschlossenen Deutschlehrer mit viel Freude bei der Sache. Wir waren, was hierbei eine Rolle für die Empörung besagter Lehrerin gespielt hatte, zum Teil Schüler, die aus Ost-Berlin oder der DDR nach West-Berlin gekommen waren, weil wir hier zur Oberschule gehen durften. Die Lehrerin urteilte: «Wer aus der Zone kommt und hier Brecht spielt, bekommt von mir nur noch allenfalls befriedigend.» Das einzige, was diese Germanistin vorgab, von Brecht zu kennen, war das Telegramm, das er an Ulbricht angeblich mit einer «Verbundenheitserklärung» nach der Niederschlagung des Aufstandes vom 17. Juni 1953 geschickt haben soll.

Das wurde auf beiden Seiten – West wie Ost – in niederträchtiger «Eintracht» gegeneinander propagandistisch ausgeschlachtet. Beide Seiten enthielten ihren Bürgern vor, was nicht ins jeweilige Brecht-Bild paßte: Dieser hatte eine Erklärung nachgereicht und von Arbeitern gesprochen, die in «berechtigter Unzufriedenheit demonstriert haben ... (und die) nicht mit den Provokateuren auf eine Stufe gestellt werden (dürften), damit nicht die so nötige Aussprache über die allseitig gemachten Fehler von vornherein gestört wird.»

Brecht hatte auch – was ebenfalls hüben wie drüben verschwiegen wurde – ein ironisches Gedicht zum Aufstand (sic!) des 17. Juni geschrieben. Darin wird gesagt, das Volk habe sich das Vertrauen der Regierung verscherzt, und dann folgt die später oft zitierte Empfehlung: «Wäre es da nicht einfacher, die Regierung löste das Volk auf und wählte ein anderes?»

So ein Gedicht hatte jener Deutschlehrerin nicht ins Poesiealbum gepaßt. Sie stand mit ihrer Gesinnung allerdings in den fünfziger Jahren nicht allein. Es waren auch noch andere falsche Fuffziger in Umlauf. Im Deutschen Bundestag zum Beispiel hatte der damalige Außenminister Heinrich von Brentano (CDU) Bertolt Brechts späte Lyrik mit dem Nazi-Gesudel von Horst Wessel verglichen. Es blieb übrigens Peter Suhrkamp vorbehalten, Adenauers AA-Mann die Leviten zu lesen: «Da tritt zutage, daß Sie nur darauf zielten, vor einer nicht unterrichteten, leicht zu beeinflußenden Öffentlichkeit, Brecht in seiner menschlichen Integrität zu erniedrigen ...»

Zur Feier von Brechts 99., also heuer, mache ich mich gegenüber meiner alten Schule in Reinickendorf ehrlich. Ich gebe ihr nach genau vierzig Jahren in die Schulbibliothek das damals fürs «Lukullus»-Rollenstudium entliehene Buch zurück: Brecht: Versuche 25/26/35, Suhrkamp Verlag Berlin, 1951, Heft 11. Dies mit Dank und den Schlußworten des Sprechers des Totengerichts aus dem «Verhör des Lukullus» als Widmung: «Und vom hohen Gestühle erheben sich / Die Fürsprecher der Nachwelt / Der mit den vielen Händen, zu nehmen / Der mit den vielen Mündern, zu essen / Der eifrig sammelnden / Gern lebenden Nachwelt.»

23. Februar 1997

Berliner Frühling

Die Natur beginnt sich zu räkeln. Sie hat ausgeschlafen. Es lenzt. Dieses Erwachen ist zwar kein genuin Berliner Ereignis, aber es ist in Berlin mit einer stillvergnügten Besonderheit verbunden: Mutter Natur räkelt sich auch in Berliner Hinterhofgärten. Sie verbündet sich mit kernberlinischem Eigenwillen. Diese Höfe sind die städtischen Abseiten, die auf durchaus fabelhafte Weise bewohnbar gemacht wurden. Dies aber steht in Gefahr, nicht mehr ins «Hauptstadt»-Bild zu passen.

Hinter einem dunklen Hausdurchgang nahe dem Rosenthaler Platz zeigte sich dieses Bild: Inmitten des Hofes steht eine halb verfallene Remise. Ihr Ziegelwerk ist umschlungen von üppigem Knöterich, sie ist eine große Nestbaustelle. Um diesen Mittelpunkt im Mietshausgeviert hat eine jugendliche Hausgemeinschaft eine Gartenlandschaft angelegt: aus Bahnschwellen, aus Ziegeln, aus Brettern und mit viel Erde; hier ein zur Bank gehauener Baumstamm auf kleiner Anhöhe, dort in einer Senke eingegrabene Badewannen, die kleine Teiche mit Schilf und Seerosen abgeben werden; zwischen die Wannenlandschaft haben sie Sträucher gesetzt, Blumenbeete angelegt, auf denen es bis in den Herbst hinein blühen wird.

Dort kam ich mit einem Kater ins Gespräch. Er saß auf einer kleinen Anhöhe, auf die ein Sonnenstrahl gefallen war, er schmiedete Verse. Darf ich mal sehen? Das Leben zirkelt seine Kreise / Konzentrisch auf die Mitte hin. / Dort sitzt und piepst 'ne kleene Meise / Das Lied vom Frühling in Berlin. / Er denkt an sie, sie denkt an ihn / Auf einer Hofbank in Berlin.

So kamen wir uns nahe. Er erzählte vom neuen Besitzer, der alles nach seinem Hausmuster verändern wolle; denn diese «Idylle» passe nicht mehr ins himmelstürmende «Hauptstadtbild». Der Kater fühlt sich übriggeblieben: die alte Herrschaft ist tot, andere Katzen wurden verjagt. Nun schmiedet er eben Verse, will sich auch an einer Menschenparabel versuchen. Zur Aufmunterung seines Selbstwertgefühls schrieb ich ihm einen Vers von Joseph Victor von Scheffel auf: Menschentum ist ein Verkehrtes, / Menschentum ist Ach und Krach; / Im Bewußtsein seines Wertes / Sitzt der Kater auf dem Dach!

So schieden wir einstweilen bis zum – hoffentlich! – nächsten Frühling.

Von dieser noch bewohnten, mit dem Kater auch beseelten Abseite ging ich nach Kreuzberg, um nach dem alten Osman Khalin zu sehen. Er hatte sich vor vielen Jahren im Mauerschatten des Bethaniendamms hinter der St. Thomaskirche ein Gärtchen angelegt. Darauf gediehen Knoblauch, Zwiebeln, Schwarzkohl und Kohlrabi. Nun, da die Mauer längst weg ist, ist vielleicht auch Khalins Gärtchen nicht mehr da. Denkste! Es erfuhr sogar einen Anbau: aus Brettern hat sich der alte Mann eine Bude gebaut, deren Fundament sogar betoniert ist. Zwei Etagen hat die «Gartenlaube». Die untere ist beheizbar. Das qualmende Ofenrohr zeigt an: Osman ist zugegen. Guten Tag, Herr Khalin, noch immer auf dem Damm? Wie ich ja sehen könne, ja. Wohnt er nun ganz und gar hier in der Bude? Nein er hat noch nebenan am Bethaniendamm seine alte Wohnung. Hier in der Bude ruhe er sich nur sommers von der Gartenarbeit aus, empfange Freunde, den Mustafa zum Beispiel, dann trinken sie ihren Tee. Wir beschreiten das Gärtchen, dort, wo Knoblauch noch seine Zehen unter der Erddecke stecken hat. Wir nehmen die Baumparade ab: Hier eine Fichte, dort eine Linde, ein Obstbäumchen in Brusthöhe, eine Kastanie halshoch. Osmans Ruhesitz. Hier hatte er sich gegen die Mauerwächter durchgesetzt, die ihn an der Mauer nicht dulden wollten. Da hatte Osman zu ihnen gesprochen: «Hier ist Deutschland (er zeigte auf Kreuzberg), dort ist Deutschland (auf Mitte), und ich bin Türke in Berlin, wen stört es denn, daß ich Kohl anpflanze?» Da waren die Mauerwächter entwaffnet.

Nun genießt der alte Mann den Umstand, daß für eine städtebauliche Neuordnung das Geld fehlt. Und solange das fehlt – also lange –, kann Osman hier mitten auf dem Bethaniendamm anbauen und hausen.

23. März 1997

Ein deutsch-deutsches Kapitel

Es geht um eine verwegene Flucht über die innerstädtische Grenze aus Ost- nach West-Berlin, die gelungen war. Dem sie gelungen war, Michael Schwerk, mir als Vetter verwandt, nimmt an, daß in diesem Fall die Mauerwächter nicht hatten schießen wollen, obschon sie Befehl hatten, es zu tun. Seit dem Fall der Mauer, die das Regime begrub, versucht Michael diejenigen zu finden, die es in der Hand hatten, ihn zu erschießen oder zum Krüppel zu machen. Er will ihnen danken; denn er hält es auch für möglich, daß die Grenzwächter für ihr «Fehlverhalten» von deren Vorgesetzten erhebliche Schwierigkeiten bekommen haben. Hier geht es also um die Abrundung eines deutsch-deutschen Kapitels. Aber die einschlägigen Archive melden Lücken.

Es geschah in Berlin in der Nacht vom 1. zum 2. November 1966 gegen ein Uhr in der Nähe der Bösebrücke, Bornholmer Straße. Michael war damals zweiundzwanzig Jahre alt. Er hatte die S-Bahn an vorher genau berechneter Stelle mit der Notbremse zum Stehen gebracht. Sie fuhr aus Pankow kommend Richtung Schönhauser Allee. Er sprang aus dem Zug, löste an einem Stolperdraht ein Signal aus, und die Grenzwächter feuerten ihrerseits das Signal «ein Stern-Rot ab». Er hastete über die Gleise auf den Grenzzaun zu, der den Mauerverlauf hier seltsamerweise unterbrach. Aber Michael hatte nicht gewußt, daß vorher ein von der S-Bahn aus nicht zu erkennender, ungefähr vier Meter tiefer, gemauerter Bahnschacht verlief, eine regelrechte Falle. Seine trainierte Sportlichkeit und ein in höchster Gefahr zusätzlich freigesetzter Kraftstrom halfen, diese Falle zu überwinden. Dies alles geschah auf hell erleuchteter Szene, Leuchtkugeln stiegen auf, und Scheinwerfer erfaßten ihn, ließen ihn wieder los, fingerten weiter. Michael überwand nach dem Schacht auch den Zaun und gelangte aufs Weddinger Kleingartengelände. Er war am Ziel, in Sicherheit, unversehrt.

In den einschlägigen West-Berliner Blättern findet sich zu dieser gelungenen Flucht aus dem Ostsektor keine Notiz. Der, dem sie gelungen war, erinnert sich, daß die West-Berliner Polizei ihm gesagt hatte, seine gelungene Flucht dürfe keineswegs an die große Glocke gehängt werden. Und die US-amerikanischen Stellen, die ihn drei Wochen lang befragt hatten (Briten wie Franzosen begnügten sich mit jeweils einer halben Woche), hatten Michael ihr Mißtrauen fühlen lassen, hielten ihn wohl für einen Agent provocateur. Es waren Jahrzehnte, in denen solches Mißtrauen begründet war. Immerhin war gerade in jenen Tagen von einem geflüchteten DDR-Grenzer berichtet worden, wie sein Kommandeur vom 34. Grenzkommando den bereits verletzt am Boden liegenden Flüchtling, den einunddreißig Jahre alten Willi Block, aus nächster Nähe an der Staakener Grenze regelrecht exekutiert hatte.

Michael ist Lehrer in Köln. Er begann in den einschlägigen Archiven anzufragen. Das führte in Labyrinthe. Diese Archive wechselten ihre Orte, und mit diesen Ortswechseln wanderten auch die Akten umher. Am Ende indes war unter den zirka 33.000 Unterlagen im Zusammenhang mit Zwischenfällen an der innerdeutschen Grenze, zu Tagesmeldungen, Untersuchungsberichten, Auszeichnungen und dergleichen nichts mehr zu finden, was auf jenen nächtlichen Zwischenfall bei der Bösebrücke hindeutet. So läßt sich eben nicht jedes deutsch-deutsche Kapitel abrunden.

Aber hier bleibt etwas von Zuversicht trotz aller schmerzhaften Niederschläge: Die Vermutung, daß ein junges Menschenleben von gewiß Gleichaltrigen geschont wurde, die es nicht nur in der Hand hatten zu töten, ja, zu morden, sondern sogar den Befehl dazu. Und wenn es denn wirklich so war, wie es zum Beispiel Michael zuversichtlich vermutet, dann gilt nicht nur seine Dankbarkeit den ungezählten, anonymen Menschen, die ein Leben in jeder Lage höher bewerten als einen tödlichen Befehl.

8. Juni 1997

Variation auf eine Fabel von Lessing

Denkmäler – zumal jene im Tiergarten – haben etwas tröstlich Vertrautes. Ich will auf das für Gotthold Ephraim Lessing und von ihm auf seine Fabeln hinaus. Sein Denkmal ist mir besonders lieb – nebst jenem von der sterbenden, noch ihre Jungen säugenden Löwenmutter, die weidwund getroffen wurde von Menschenhand. Lessing steht im östlichen Parkteil an dessen südlichem Rand. Solcher Rest von Vertrautem ist besonders jetzt bedeutsam, da Berlin für seine zugewiesene Rolle als Bundeshauptstadt umgepflügt wird (das Wort «Hauptstadt», vom SED-Regime für den Ostteil Berlins mit Penetranz in Anspruch genommen, ist mir seitdem fatal).

Der Leib Berlins ist in seiner Mitte, hier beim Tiergarten, aufgerissen. Eine Vivisektion findet statt, wie sie an lebenden Tieren vorgenommen wird. Lessing steht im Baulärm. Man baut eine neue Stadt. Womit ich bei der Fabel bin. Wahrheiten, auch häßliche, werden, in Fabeln gekleidet, kleidsam. Lessing, darin ein Meister, schrieb die meisten 1759 in Berlin. Jene vom Schäfer und der Nachtigall paßt zu Berlin. Sie geht – mit der Lessingschen Zeichensetzung – so: «Du zürnest, Liebling der Musen, über die laute Menge des parnassischen Geschmeißes? – O höre von mir, was einst die Nachtigall hören mußte. Singe doch, liebe Nachtigall! rief ein Schäfer der schweigenden Sängerin, an einem lieblichen Frühlingsabende, zu. Ach! sagte die Nachtigall; die Frösche machen sich so laut, daß ich alle Lust zum Singen verliere. Hörest du sie nicht? Ich höre sie freilich: versetzte der Schäfer. Aber nur dein Schweigen ist schuld, daß ich sie höre.»

Ich will eine Variation zu dieser Fabel versuchen. Mit Parnass ist das mythologische Reich der Dichtkunst gemeint. Geschmeiß – fernab vom Schimpf – werden in der weidmännischen Sprache die Exkremente der Raubvögel und Geier genannt. Der Schäfer, der von der Nachtigall viel mehr zu vernehmen wünscht, als sie unter den gegebenen Umständen zu geben noch bereit wäre, beschuldigt sie zu Unrecht. Er hätte sich ja auch mit ihr gegen das kollektive Gequake verbünden können. Er setzt zwar auf das Solistische der Nachtigall, übersieht aber, daß sie den Fröschen nicht mehr gewachsen ist (es singen übrigens bei den Nachtigallen die Männchen!). Der Sänger hat also die Lust am Singen verloren, zieht sich zurück, entzieht sich.

In der Stadt wurde gerodet, tiefgegraben, hochgestapelt. Man baute eine neue Stadt für neue Bewohner, die nichts mehr mit den alten gemein haben sollten. Dem fielen die Wiesen – mit ihnen die Herden –, die Tümpel – mit ihnen die Frösche –, die Büsche – mit ihnen die Nachtigallen zum Opfer.

Der Schäfer wurde arbeitslos, war viel zu alt (älter als fünfunddreißig Jahre), um anderwärts noch gefragt zu sein. Die Nachtigall verließ die Stadt. Unterwegs flogen ihr Geier entgegen. Wohin? fragte die Nachtigall. Zur Neuen Stadt! Da gibt's jetzt viel zu tun, riefen die Geier und ließen zur Unterstreichung ihrer Erwartungen Geschmeiß fallen. – Für mich gibt's nichts mehr zu tun, sagte die Nachtigall. Dort nicht.

Die Frösche schließlich, die es den Menschen in dieser aufgedrehten Stadt gleichtun wollten, hatten dem erhofften Aufbruch zu Neuen Tümpelufern entgegengequakt. Sie wurden aber im Tiergarten trockengelegt. «Ach, wohin, wohin nur sollen wir jetzt!?» Aber ihr Klagegequake wurde vom Baulärm übertönt. Da kam ein Vogel geflogen, setzte sich nieder zu den verstörten Fröschen und sang ihnen das Loblied auf einen kleinen Ort in der Prignitz. Der heißt Rühstädt. Es sang so verheißungsvoll die verkleidete Nachtigall. Die Frösche brachen sodann frohgemut auf. In Rühstädt angelangt, wurden sie mit einem Mordsgeklapper von den Störchen empfangen. Und die Nachtigall sang so schön wie nie zuvor; denn sie wurde nicht mehr gestört.

Unterdessen hatte der Schäfer eine Stelle als Pförtner beim Landwirtschaftsminister gefunden. Alles rundete sich hübsch ab; denn auch die Geier waren im neuen Berlin angelangt. Sie ließen hier und da Geschmeiß auf die Stadt fallen. Die es traf, denen galt es auch.

21. September 1997

Ausflug nach Rummelsburg

Zur Hand einen Vorkriegs-Stadtplan, unternahm ich am Feiertag der Einheit fernab vom offiziellen Innenstadt-Rummel einen Ausflug nach Rummelsburg. Das liegt gleich hinter Ostkreuz. Der Ausflug war ein Nachspiel zum Theater. Zum Vorspiel dies: Im Maxim-Gorki-Theater steht Gerhart Hauptmanns Berliner Tragikomödie «Die Ratten» auf dem Spielplan. Und das Programmheft der tragisch wie komödiantisch durchweg anrührenden Aufführung schildert knapp und spannend Hauptmanns neunfache Entwürfe bis zum vollendeten Werk. Letzten Ausschlag gab demnach ein Prozeßbericht im «Berliner Lokalanzeiger» vom 13. Februar 1907. Darin werden zwei Fälle von «Kindesunterschiebung», einer sogar in Verbindung mit Kindesentführung, behandelt. Tatorte sind Rummelsburg.

Es gehört zu den praktischen Beglückungen der Berliner Vereinigung, daß nun der jederzeitige Zugriff auf alte Zeitungen und Adreßbücher möglich ist. Im umgewidmeten Getreidespeicher des Westhafens (Zeitschriftenlager der Staatsbibliothek) sah ich mir die besagten Prozeßberichte an. Im ersten Fall betraf es die zweiunddreißigjährige Ehefrau Marte des sechsundfünfzigjährigen Kohlenhändlers G.. Im Berliner Adreßbuches von 1907 (Zentrum für Berlin-Studien in der Breiten Straße) fand ich in Rummelsburg unter «Kohlenhändler» den Namen R. Geisler aus der Schillerstraße 10. Die Angeklagte hatte unter falschem Namen (Richter) über ein «Inserat» ein Kind «geschenkt» bekommen, das unehelich und unwillkommen geboren worden war. Marte hatte ihrem naiven Mann eine Schwangerschaft und schließlich Niederkunft unterwegs in einem Warenhaus vorgetäuscht. Das Glück für beide lag nun in Windeln gewickelt da. Doch die leibliche Mutter wollte ihr Kind dann doch haben, hatte ganz Berlin nach Frau Richter abgesucht und sie samt Säugling auch gefunden. Das Gericht ließ Milde walten: ein Tag Gefängnis für Marte.

Der andere Fall, für Gerhart Hauptmann wohl interessanter, lag schlimmer: Elisabeth M., Frau eines Rummelsburger «Garderobiers» (im Adreßbuch nicht zu finden), hatte das Kind eines Dienstmädchens «erworben». Doch für das Kind war bereits ein Lehrer als Vormund eingesetzt worden, der nach dem Rechten sah (Lehrer Felix Mudra ist im Adreßbuch unter einer Carmen-Sylva-Straße 8 verzeichnet). Um diesen zu täuschen, führte die Angeklagte ihm einen hierfür gestohlenen Säugling der Frau Engel vor (das Adreßbuch verzeichnet zwölf Rummelsburger Engel). Die Sache flog auf. Auch hier ließ das Gericht Milde walten: eine Woche Haft, weil die kinderlose Frau nicht aus unedlen Motiven, wohl aber aus Angst vor Entdekkung gehandelt habe.

Ich wollte nun in der Rummelsburger Schillerstraße den engeren Lebenskreis des Kohlenhändlers Geisler und seiner Frau Marte (erster Fall) anschauen – neunzig Jahre später. Aber eine Schillerstraße gibt es nicht mehr. Nachfragen bei alten Leuten – Fehlanzeige. Mein Vorkriegsstadtplan zeigt eine Schillerstraße dort, wo heute Pfarrstraße an den Schildern steht. Die Häuser stammen mindestens aus jener Zeit, da ihre Öfen mit Preßkohlen aus Geislers Handlung geheizt wurden. Einige Häuser sind offenbar unbewohnt. Aus einigen wehen rote Fahnen, an einem hing ein Spruchband: «Stoppt den Polizeiterror!» Aha! Davor am Gehwegrand standen verschlissene Polstermöbel, auf denen es sich Hunde bequem gemacht haben. An schrottreifen Autos hantierten junge Leute. Einen fragte ich, ob er von einer früheren Schillerstraße etwas wisse, die hier irgendwo gewesen sein muß. Die Frage war durchaus ohne Erwartung einer Antwort gestellt worden. Der Befragte aber sagte: «Das hier war sie gewesen, Verlängerung der Pfarrstraße bis zur Türrschmidt.» – «Nanu, woher wissen Sie denn das?««Bei der Sanierung bin ich auf alte Unterlagen gestoßen.»

Meine kurze Erklärung für das Interesse an der alten Schillerstraße, mein Hinweis auf Gerhart Hauptmanns «Ratten», mein diesbezüglicher Ausflug am Feiertage hierher nach Rummelsburg fiel bei dem jungen Mann auf keineswegs gespieltes Interesse. So schieden wir in Freundlichkeit. Ein jeder ging zurück in seine Richtung. Das rundete meinen Feiertag der Einheit ab.

5. Oktober 1997

Glosse gegen die Taubenplage

Wenige Themen fliegen einem zu, die allerwenigsten mit einem Zettel im Schnabel, von der Muse einen Gruß. Diesmal war es eine Taube. Sie war aber weder gebraten, noch hatte sie einen Musengruß im Schnabel; es war vielmehr eine von der gewöhnlichsten Art, wie sie in Städten eben vorkommen, teils gemästet und geheiligt, teils gehaßt und gejagt – fernab von allen biblischen (Jesus) und kommunistischen (Picasso) Sinnbildern für Arglosigkeit und Frieden. Meine Taube kam mit fettklatschendem Flügelschlag dicht am Gesicht vorbeigeflogen, und ein Flügel streifte die Stirn. Sie war mit anderen vom Bürgersteig aufgeknattert. Mag sein, daß ich gerade in einer Gemütslage war, die mich für tatsächliche oder eben nur eingebildete Zurufe aus dem Ungewissen empfänglich gemacht hatte. Die Taube gurrte: Mach was draus!

Wir waren junge Anwärter auf den Beruf des Journalisten. Und unter den alten Hasen, die uns darin unterwiesen hatten, war Wugg Retzer (oder Wug?) aus München. Er dürfte nicht mehr leben, ist ja schon sehr lange her. Wugg versuchte uns beizubringen, wie man eine Glosse schreibt. Er tat es beispielhaft. Als Volontär bei den «Münchner Neuesten Nachrichten» hatte er eine Lokalglosse verzapft: Hydranten auf! – Es war in ihr um die Münchener Taubenplage gegangen, und der dreiste Volontär empfahl den Einsatz harten Wasserstrahls. Der ging aber in die Hose, und zwar in Wuggs Buchse. Es hagelte Abbestellungen. Der Übeltäter wurde zum Chef zitiert, angeschnauzt und mit dem Auftrag entlassen, die Sache schleunigst in Ordnung zu bringen – Raus! Er schrieb eine neue Glosse: Hydranten zu! – Ei, dachte ich, das soll mir ein Beruf werden. Den mache ich. Wo man was erzählen kann, wo im Erzählen sogar eine stinknormale Stadttaube – von Generation zu Generation flatternd – einen Zug von Dauerhaftigkeit bekommt. Meine Mitanwärter freilich mochten sich nicht mit Tauben aufhalten, sondern wollten die Welt verbessern, ließen den alten Wugg reden und hörten dabei nicht, was er erzählte. Sie kauten hinfort das trockene Brot der Weltverbesserer und wurden dafür mit Preisen bedacht. Unsereiner preist Wugg und seinesgleichen und kommt zurück auf die Tauben in Berlin. So gingen wir in die Welt hinaus fast wie die zwölf Apostel mit Jesu Ratschlag, nur eben als Journalisten:

«Wie die Schafe mitten unter die Wölfe; darum seid klug wie die Schlangen und ohne Falsch wie die Tauben. Hütet euch aber vor den Menschen; denn sie werden euch überantworten vor ihre Rathäuser und werden euch geißeln in ihren Schulen.» (Matthäus 10, Verse 16 und 17).

Die Sache mit der gleichnishaften Taube war mir erinnerlich. Wo aber finde ich sie? Nachfragen zunächst beim öffentlichen protestantischen Dienst (vom Bischofsbüro bis zu Gemeinden) blieben ergebnislos. Hingegen wußte das katholische Bischöfliche Ordinariat auf Anhieb die Stelle im Neuen Testament zu bezeichnen (was bezeichnend ist).

Wir denken an einen Taubenschlag auf dem Rasen des Kreuzberger Blücherplatzes. Schlangenklug wollte man gegen das Überhandnehmen der Tauben vorgehen, indem man den Vögeln an die Gelege zu gehen gedachte, diese gegen Attrappen zu tauschen, womöglich auch unters Futter Pillen gegen die Vermehrung zu mischen. Nun sind aber Tauben (jedenfalls untereinander) weder so sanftmütig wie der fromme Glaube uns weismachen will, noch so dumm, wie das vielleicht ihre kleinen Köpfe auf den plumpen Körpern nahelegen. Die Tauben scheißen uns was! Sie bleiben, wo es ihnen gefällt, haben sich längst ihrer Umgebung – mit Vorliebe Berlin – angeglichen, indem sie alles besudeln. Aus ihren Perlaugen blitzt blanker Spott über die durchschaute List mit den Taubenschlägen. Und die Rüstigsten unter ihnen machen jährliche Ausflüge zum Marienplatz in München. Von dort war jene Taube nach Berlin zurückgekehrt, deren Flügel meine Stirn gestreift hatte. Sie hatte von treu denkenden Münchenern Auftrag bekommen, mich an Wugg Retzer zu erinnern.

12. Oktober 1997

Umgang mit dem Tod

Wir stehen vor dem Monat mit jenen festgelegten Tagen, an denen wir der Verstorbenen gedenken. Wir gedenken derer, die uns nahestanden, die ihren «persönlichen Tod für uns und unsere Angehörigen sterben» und gedenken auch jener, deren «öffentlicher Tod» uns alle angeht, weil er «für alle gestorben wird, und mit dem wir alle verkettet sind in der Solidarität des Leidens und der Hoffnung». Diesen Gedanken hatte ein nachdenklicher Politiker und Menschenfreund, der Sozialdemokrat Carlo Schmid, weitergedacht, indem er von einem Tod sprach, der Fragen stelle, deren Antwort vielleicht nur Trauer sein könne.

Mit der Trauer und Trauernden umzugehen, ist eine sehr schwere Sache. Man hat sie auch «Trauerarbeit» genannt, die in jedes Menschen Leben oft schon sehr früh unausbleiblich ist. Das wissen wir, und dennoch sind wir nicht darin ausgebildet. Das sollten wir doch eigentlich von Kindesbeinen an fürs ganze Leben gelehrt bekommen, und zwar so, daß auch Menschen ohne religiöse Zuversicht daran teilhaben können. Gibt es etwa ein wichtigeres Gebiet der Lebenskunde als die Auseinandersetzung mit dem Tod? Wir haben aber ein durch und durch gestörtes Verhältnis zu ihm. Er verstört uns. Er macht uns hilflos auch untereinander.

Trauer braucht ihre Zeit. Sie ist für jeden einzelnen Menschen einzeln veranschlagt. Das wird uns allerdings schwer gemacht, wo alles nach Geldwert geht, eben auch die Zeit. Sie ist eingeteilt oder wird zugeteilt. Es bleiben keine Spielräume zur eigenen Disposition. Wir sitzen ganz schön in der Klemme mit unserer eingebildeten Zeitnot in unserer Geschäftigkeit. «Das Leben geht weiter» ist einer dieser hilflosen Tröstungsversuche, eine Redensart nur wie das «herzliche Beileid». Erst kommen die Geschäfte …

In ihrer verzweifelten Trauer über den Verlust eines ihr am nächsten stehenden Menschen sagte eine Frau, sie könne die wohl tröstend gemeinte Banalität nicht mehr hören: «Das Leben geht weiter.» Diesen Satz empfand sie als ein Darüber-hinweg-Gehen. Aber sie war noch lange nicht imstande, Schritt zu halten, sie fühlte sich vielmehr zurückgelassen, ja sogar übergangen. Das Leben stürmt wie vom Teufel gejagt weiter. Wohin eigentlich? Und wer schaute sich nach ihr, nach ihm, nach denen, die nicht Schritt halten können, um, übte also im wahren Wortsinn Rücksicht, «Solidarität des Leidens»? Der Tod stellt Fragen, deren Antwort vielleicht nur Trauer sein sein kann.

Wer lehrt uns denn rechtzeitig, dem in seiner trauernden Verlassenheit dringend hilfsbedürftigen Menschen beizustehen? Wir wollen ja helfen, aber wir sind dabei so hilflos. Es lohnte schon in der Schule, besser noch daheim, zu lernen, ein Mitgefühl zu entwickeln und auch in Worte zu fassen, einen Brief schreiben zu lernen, der trösten will. Das muß nie und nimmer nur ein langer, ein womöglich feierlicher Brief mit ausgeborgten Floskeln sein. Es kann schon eine einzige Zeile zeigen, wie nahe einem das Leid des anderen geht. Läßt sich Herzensbildung lehren? Den Versuch lohnte es «in Solidarität des Leidens und der Hoffnung».

Mir ist eine anrührende Hilflosigkeit aus eigenem Erleben erinnerlich. Diese Hilflosigkeit eines erschüttert Teilnehmenden aber war gerade deswegen eine Tröstung. Da wollte einer etwas bekunden, aber seine eigene Erschütterung war so stark, daß sie ihm regelrecht die Sprache verschlagen hatte. Und das, was ihm gerade noch in diesem Augenblick an Worten zu Gebote stand, war ihm obendrein vollends durcheinandergeraten. Da stand er da am offenen Grab, hilflos wie ein Kind und stammelte: «Herzlichen Glückwunsch!» In dieser Hilflosigkeit hat er mir indes wirklich beigestanden. Dann war es in in diesem Augenblick sogar an mir, dem armen Menschen aus seiner verheerenden Verlegenheit herauszuhelfen, ja, ihm nun in diesem Augenblick beizustehen. Darf unter der Trauer, die der Tod eines geliebten Menschen über uns wirft, darf darüber auch gelacht werden? Ja. Das ist ein anderes als das übliche Lachen.

Warum dies alles in diesem Rahmen vor den offiziellen Gedenktagen? Weil wir neben unserer Arbeit um einen Nahestehenden trauern.

26. Oktober 1997

Die Spree

Unser Fluß, die Spree, hat in der Oberlausitz einen poetischen Ursprung und nimmt in Berlin ein prosaisches Ende. Das muß einmal gewürdigt werden. Zwischen ihrer Quelle am Berge Kottmar und ihrer Mündung in die Spandauer Havel hat sie sich auf knapp vierhundert Kilometern erschöpft. Im Spreewald macht der Fluß eine Pause, macht dort von Haus zu Haus Besuche, richtet den niederlausitz'schen von den oberlausitz'schen Sorben Grüße aus.

Im Spreewald fließen auch schöne Geschichten zusammen, die sich die Sorben zu erzählen wußten, jene der Niederlausitz zum Beispiel vom Nüx, dem kleinen Spreewassermännchen. Es hauste im Fluß, ohne naß zu sein, nur am Saum war es immer feucht. Es verkroch sich auch gern unter Mühlen und trieb mancherlei Schabernack. Die Spreewälder Sorben erzählten von den oberlausitzer Verwandten in Bautzen, daß diese dort nach dem Abriß einer Mühle Nüxe am Ufer hatten sitzen sehen: Die waren sehr klein und stahlen sich Mädchen zu Frauen. Zwei kamen immer nach Bautzen in die Stadt, das waren Mann und Frau. Die Leute erkannten sie daran, daß sie unten am Saum naß waren. (Willibald von Schulenburg: «Wendische Volkssagen und Gebräuche aus dem Spreewald» 1880»)

Doch für Spreeanteilseigner in Berlin ist die Sage vom Riesen Sprejnik die bedeutendste. Sie klärt uns über den Namen Spree auf, der sich von des Riesen Namen abgeleitet hat. Und folgendes trug sich demnach im Budissiner Land (Bautzener Land) zu: Es lebte unterm Schutz des Riesen Sprejnik im bergigen Grenzgebiet der Oberlausitz ein kleines Völkchen, das seinen Riesen nicht nur seiner übermenschlichen Kräfte wegen liebte. Es fürchtete indes, ohne eine feste Stadt auch vom starken Sprejnik nicht hinreichend geschützt werden zu können. Sie wollten nicht mit der Sonne weiter nach Westen ziehen, wollten bleiben. Da baute ihnen Sprejnik einen festen, auf Granit gegründeten Ort mitten im Lande, das er Budissiner Land nach der Stadt Budissin (Bautzen) nannte. Zudem rüstete er sich mit einer Armbrust aus, erprobte sie. Der Pfeil drang beim Kottmarberg ins Erdreich. Und er stach die Quelle an. So entsprang die sagenhafte Spree in einem sehr schönen Land, lange bevor es Berlin und Berliner gab. Dorthin brachte erst die Spree die Menschen. Sie schlägt, bevor sie sich mit der Havel vereinigt, einige Bögen. Ungezählte Menschenalter später, heute, macht die Spree ums regierungsamtliche Berlin einige Bögen.

In diesen Bögen sollen die Männer und Frauen arbeiten und zum Teil auch wohnen, jene also, die zusammengezählt das bilden, was recht obenhin unter «die Bonner» gerafft wird. Ihnen sei zum Willkomm etwas aus einem Liedchen von Adolf Glaßbrenner gezwitschert. Das hatte anno dunnemals das Berliner Volk gesungen, wenn es sonntags vom linken zum rechten Spreeufer nach Moabit übersetzte. Der Kahn mit den Ausflüglern legte im Tiergarten gegenüber dem heutigen Moabiter Werder ab, wo jetzt für «die Bonner» Wohnungen gebaut werden. Aus diesem Liedchen also seien diese wenigen Zeilchen zum Willkomm zitiert:

«Auf, ihr Brüder, lasst uns singen / Unser Liedchen, das ihr wißt, / Doch die Spree soll den verschlingen, / der nur halb Berliner ist!»

So klingt Berliner «Poesie» im Zusammenhang mit der Spree. Aber der Fluß ist nicht so eng wie die Einteilung von echten und unechten Berlinern. Er ist die «Schöpfung» des Riesen Sprejnik, der ein großes Herz nicht nur für sein kleines Völkchen im Budissiner Land hatte. Einer aus diesem Völkchen, der an der jungen Spree, dem Land der Budissinischen Sagen, geboren wurde und an der alten Spree in Berlin wurzelte, fühlt sich an beiden Enden des Flusses beheimatet. Insofern gibt es für die Spree keine halben Berliner. Wer mit seinem Wasser getauft wurde oder seine Füße einmal in sie getaucht hat, ob in Berlin, im Spreewald oder im Budissiner Land, der wurde erfrischt für seine weiteren Lebenswege – nicht nur spreeauf- oder abwärts.

2. November 1997

Lehre aus dem Waschsalon

Hier dreht sich – unterbrochen nur durch Ruhepausen – immer etwas um irgendetwas. Entweder ist's die Waschtrommel, oder es wird etwas durch die Mangel gedreht, oder es dreht sich – «von Kunde zu Kunde» bekundet – darum, daß sich ein junger Mann, obdachlos und unschuldig vorbestraft, seit zehn Jahren um eine Partnerin – nur West-Berlin! – umtut, indem er diesbezüglich seine letzte Hoffnung auf eine Frau zwischen dreißig und fünfundvierzig setzt und dieses Begehren an die Pinnwand im Waschsalon anschlägt. Der Salon heißt «Schnell und Sauber». So heißen viele. Sie sind übers Stadtgebiet verteilt. Und in ihnen dreht sich's keineswegs immer nur ums Waschen. In den beschlagenen Scheiben spiegelt sich oft eine trübe Gegenwelt zur Reinlichkeit.

Wiewohl der handschriftlichen Offerte des Mannes einige Ungereimtheiten anhaften – unschuldig vorbestraft, jung und dennoch seit zehn Jahren auf Brautschau –, gelten auch hier Winke von oben, wie eine Kette ineinandergefügt, die uns irrenden Menschenkindern Zuversicht und Trost in unseren Zweifeln gewähren müssen. Dergleichen gibt Dichterworten, einem bigotten Pfaffen in den Mund gelegt, einen Schuß Dauerhaftigkeit. Hier sind's die Worte des Schriftstellers Willibald Alexis (bürgerlich Wilhelm Häring), die den «Hosen des Herrn von Bredow» entnommen sind. Das war eine aufs Neue possierliche, zutiefst brandenburg-preußische Urlaubslektüre. Der Roman lag übrigens 1848 vor, vor knapp hundertfünfzig Jahren.

Darin geht es um die vor Dreck starrenden Hirschledernen des märkischen Edelmannes Götz von Bredow. Sie wurden auf der festlich begangenen Herbstwäsche auf Schloß Hohen-Ziatz einer regelrechten Läuterung unterzogen; dies geschah kraft beherzten Zugriffs der Edelfrau von Bredow auf eben jene Hose. So wurde kurfürstlicher Zorn über den verschlampten Edelmann gerade noch vermieden. Das hat mit Waschen, im Roman ist's eine «Verrichtung», zu tun.

Und der angesprochene Wink von oben brachte mich auf den Gedanken, dieses Willibald Alexis zu gedenken, der kommendes Jahr zweihundertsten Geburtstag hat. Hier sind alle Kreuzberger aufgerufen, dem märkischen Scott, als welchen er sich ja durchaus empfand, zum 29. Juni 1998 einen Kranz zu winden und in der Willibald-Alexis-Straße feierlich anzubringen. Wenigstens das.

Denn es steht zu erwarten, daß Alexis' zweihundertster Geburtstag vom hundertsten Todestag Theodor Fontanes gänzlich überschattet wird, was Fontane am allerwenigsten anzukreiden ist, der sich gewundert haben würde über die Verwurstung seines Namens, mehr denn seines Werkes für die «Hauptstadt»-Werbung. Das wird ein Wettwerfen geben mit Fontane-Würsten auf weiten Feldern …

So viel nur zu dem, was in den Hosen des Herrn von Bredow steht und uns zu kleinen Abschweifungen vom einen Märker zum anderen verführte. In Berlin läßt sich alles irgendwie aufs Literarische münzen, auch Waschanstalten mit Münzbedienung. Wie gesagt, sie sind nicht nur zur Wäsche da. Sie sind unerbittlich grell beleuchtete Räume, in denen sich eine kleine, bunt gewürfelte Gesellschaft einfindet in der Lebensspanne zwischen hohem Alter (zwecks Fühlungnahme gegen Einsamkeit) und Säugling, dessen Mutter an fünf Waschtrommeln hantiert. Ein Student, erkennbar an der Lektüre, begnügte sich mit einer Trommel, was ein Nachspiel hatte. Er hatte den gutgemeinten Rat einer Waschexpertin in den Wind geschlagen, hatte seinen Beutel mit Socken, Pullovern, Jeans und Wäsche in diese Trommel gepfercht und mit dem Kochprogramm einer regelrechten Höllenqual ausgeliefert. Das tat eine verheerende Wirkung.

Es ist ja in allem so: Wer klugen Rat in den Wind schlägt, Erfahrungen nicht gelten läßt, wer das Waschen nur als Weibersache sieht, ist allemal der Dumme. So dumm wie jener, dem – siehe eingangs erwähnter Anschlag – nur eine Frau aus «West-Berlin» willkommen ist oder jener Student, der nicht einmal zu unterscheiden vermag, was Socken frommt und Unterwäsche ziemt. Wohl aber dem, der eine beherzte Frau nach dem Bredowschen Muster zur Seite hat, die ihm unbemerkt die Hosen auszieht und einer allfälligen Läuterung unterzieht.

14. Dezember 1997

In einem Charlottenburger Hausflur

Zu einem Berliner Bürgerhaus in diesbezüglich besserer Zeit gehörte eine vorherrschend weibliche Ordnungsgewalt. Sie versah ihr Haus von ihrer ebenerdigen Loge aus, gleich am Hauseingang. Das war die Berliner Portiersche. So hatte das dann seine Ordnung. Das garantierte auch ein Mindestmaß an Beziehungen, das ausschloß, daß jemand hilflos darniederlag oder unbemerkt starb. Die Tafel mit den Namen der Hausbewohner ist der stumme Portier. Nun hatte ich vor, hier der dahingegangenen Portierschen ein Requiem zu schreiben, aber dann nahm alles eine Wendung. Hin zu einem ganz anderen Namensverzeichnis in einem Hauseingang, einer stumm-beredten Anklage. Das macht die Dinge des Lebens so zusammenhängend.

Ich hatte die Hüterin jenes Hauses im Auge, das ich – vierzehnjährig anno '52 – als das erste Haus in Berlin betreten hatte: Gervinusstraße 18 in Charlottenburg. Dort wohnte Verwandtschaft. Vom Balkon aus hat man einen Überblick über die Stadtbahngleise hinüber zum Bahnhof Charlottenburg, dessen Auf- und Abgänge an den Bahnsteigen jene Bretterbehelfsmäßigkeit heute noch wie damals haben. Und dieser Balkon war meine Proszeniumsloge, von der aus ich die Großstadtouverture genoß, dieses anschwellende, dann abbrechende Summen, das Klopfen und wieder an unterbrochener Stelle fortgesetzte Summen der S-Bahn. Sich also des ersten Hauses zu erinnern, das man als Kind in einer fremden Stadt betreten hatte, spricht für gewisse Eindrücklichkeit.

Wie ich nun, versunken in Erinnerungen, zur Gervinusstraße ging, hier und da meist ohne Ertrag Fragen zur Häusergeschichte stellte, dabei den Namen Else Bullinger ins Spiel brachte, stieß ich am Ende in Nummer 20 auf eine beredte Tafel: Zum Gedenken der jüdischen Bewohner dieses Hauses, die von 1941 bis 1945 deportiert und umgebracht wurden. Was es nun mit Else Bullinger zu tun hat, steht in einem Zusammenhang mit dieser Tafel. Frau Bullinger war mir aus Erzählungen der Verwandten in Nummer 18 als eine bekannt, die auf ihre Art die Nazi-Verbrecher anklagte: «Diese verdammten Schweine! Trennen die Eltern von den Kindern! Wat soll ick denn nu mit die Kinder machen, die armen!» Sie fühlte sich zur Fürsorge verpflichtet, nachdem die Nazis überfallartig die jüdischen Hausbewohner verschleppten, deren Kinder zunächst zurückließen. In einem Adreßbuch jener Zeit fand ich Else Bullinger eingetragen unter Gervinusstraße 20. Dort stieß ich dann auf die Tafel – unter den bald dreißig Namen fünf mal Messerschmidt. Und gegenüber dieser Tafel eine weitere aus dem Jahre 1947: Erinnerung an den Erbauer des Hauses Kurt Messerschmidt, geboren 1882 und durch die SS ermordet in Auschwitz am 13. März 1943. Schließlich war darunter eine frische Anzeige vom Tode Hans-Peter Messerschmidts (1919-1998) angepinnt, den Hausbewohnern zur Kenntnis gebracht.

Das war der Sohn des Erbauers. Ich verweise auf die Gedenkstätte Deutscher Widerstand, wo eine Schriftenreihe (Heft 5) über den Widerstand in Berlin von 1933 bis 1945 bereit liegt. Und darin lesen wir, daß Hans-Peter Messerschmidt, der dieser Tage verstarb, sich freiwillig bei den NS-Schergen meldete, um seiner Frau und Eltern ins KZ Auschwitz zu folgen, er wollte bei ihnen bleiben. Dort aber wurde er von den Angehörigen getrennt, ins Lager Monowitz bei Auschwitz geschickt, zur Firma Beton- und Monierbau. Er kam – gottlob – durch. Und er gab seinem Berliner Freund Alexander Rothholz regelmäßig schriftliche Berichte, auf gefährlichem Wege verschickt, Auskünfte über Auschwitz. Es waren diese Dinge ja in Deutschland bekannt. Auf solchem wie auf anderen Wegen. Wer's leugnet, lügt.

Nun ist Hans-Peter Messerschmidt zur Ruhe gekommen. Es wurde der Hausgemeinschaft zur Kenntnis gebracht. Und weil dieser Hausflur nicht versperrt ist, konnte ich die Tafel lesen, auf der die Abstraktion des Völkermordes aufgehoben, wirklich namhaft gemacht wird – auch hier. Wer diese «kleinen» Zeugnisse in der großen Stadt übersieht, nicht empfindet, dem ist auch mit einem großen, noch so lang diskutierten Mahnmal nicht zu helfen.

1. Februar 1998

Aufklärung des Namens Auerbach

Ohne viele Worte ging der Handel vonstatten, an dessen Ende ein kleines Stück Kindheit zurückgekauft war: Was soll's kosten? – Fuffzehn. – Acht? – Nee, zwölf. – Zehn! Abgemacht. Und so kam ich in der sonntäglichen Budengasse Am Kupfergraben in den Besitz des Buches von Mätzchen Mohr. Das sind jene drollig illustrierten Briefe, in denen Moritz (genannt Mätzchen) Mohr seine Abenteuer und lustigen Streiche dem lieben Kalendermann mitteilt. Und dieser Kalendermann, dem ungezählte Kinder aus vielen Generationen – 1882 beginnend – aus allen Winkeln Deutschlands Briefe geschrieben hatten, war der gute Geist von Querbachs Deutschem Kinderkalender. Nun ergab es sich am selben Sonntag, daß in einem Antiquariat gleich um die Ecke vom Kupfergraben, unter den Stadtbahnbögen, solche Auerbachschen Kinderkalender mit ihrem chrakteristischen, reich verzierten roten Bucheinband lagen. Ich kaufte mir – wenn schon, denn schon – den Zwölften Jahrgang von 1894. Beide Bücher leisteten mir Gesellschaft auf einer Reise in die Kindheit.

Auerbach also war nicht nur mir von Kindesbeinen an Inbegriff für den Freund aller Kinder. Er war jener Kalendermann, an den sich die Leser des Kalenderbuchs gewandt hatten, deren Briefe dann in einer Plauderecke abgedruckt und von ihm, später von seinen Nachfolgern, höchstpersönlich kommentiert wurden. In jenem Zwölften Kalender-Jahrgang von 1894 wurde den Kindern mitgeteilt, daß Herr Dr. Auerbach sich nun zurückzöge; wer ihm noch etwas zu schreiben habe, der schreibe ihm nach Schöneberg in die Winterfeldtstraße 24. Meine Kontrolle im einschlägigen Stadt-Adreßbuch ergab, daß dort wirklich der Dr. jur. August Berthold Auerbach in der zweiten Etage gewohnt hatte. Das Haus steht noch da, ohne Tafel des Gedenkens an den Kinderfreund. Mir ging es aber beim Kauf der Kinderbücher nicht zuletzt um eine mich schon lange beschäftigende Frage, ob dieser Auerbach meiner Kindheitslektüre etwas zu tun gehabt hatte mit jenem Auerbach, dem auf einem Grunewalder Straßenschild Gemeinheit zugefügt wurde. Es ging mir um eine zuordnende Aufklärung des ehrsamen Namens Auerbach. Ihn hatten die Nazis besudelt. Ihn davon zu reinigen, hatten sich in den achtziger Jahren die Wilmersdorfer Lokalpolitiker nicht überwinden können. Sie verfielen vielmehr auf einen oberfaulen «Kompromiß». Sie schielten ängstlich nach jenen, die unter Hinweis auf ihre «Briefköpfe» auf der Nazischreibweise beharrten. Sie kuschten vor jenen, die ein- für allemal treffend – dank Grips-Theater – als Wilmersdorfer Witwen ein Begriff für Ewiggestrige geworden sind. Die Nazis hatten die Auerbachstraße in «Auerbacher Straße» umbenannt, weil der Namensgeber Berthold Auerbach (1812-1882), ein deutscher Schriftsteller und Philosoph, jüdischen Glaubens war. Unsere Lokalpolitiker klemmten unter die Nazischreibweise ein Täfelchen, auf dem steht, daß es sich hier um den jüdischen Schriftsteller Moses Baruch Auerbacher, mit Künstlernamen Berthold Auerbach, handele. Dann müßte das mindestens Auerbacherstraße, in einem Wort, geschrieben werden, um den Personenbezug zu verdeutlichen. Aber auch dagegen waren die gescheiten «Briefköpfe». Selbst in meiner Real-Encyklopädie von 1864 wird nur der Name Berthold Auerbach, unter dem er ausschließlich bekannt geworden war, genannt. Der «Kompromiß» wirkt wie eine Verhöhnung der benachbarten Gedenkstätte Bahnhof Grunewald.

Mit Hilfe des Zentrums für Berlinstudien fand ich heraus, daß es sich bei meinem Kalendermann August Berthold Auerbach um den Sohn des zeitweise auch in Berlin ansäßigen Schriftstellers und Philosophen Berthold Auerbach handelt. Vater und Sohn Auerbach waren Kinder-, also Menschenfreunde. In der Staatsbibliothek las ich in Vater Auerbachs gesammelten Werken auch dies: «Ein offenes Herz öffnet die Herzen Anderer. Hast du neun und neunzig mal dein Herz preisgegeben und siehst dich getäuscht, verkannt oder gar verspottet: laß dich's nicht verdrießen, bei dem Hundertsten von Neuem zu beginnen ...»

Das will gegebenenfalls bedacht werden.

22. März 1998

Lob des Bahnhofs Zoo

Zu den dringend angeratenen Handgriffen eines gewitzten Großstädters gehört im Gedränge jener zur Gesäßtasche. Zur eigenen, versteht sich. Zur Behauptung und Sicherung des alleinigen Zugriffsrechtes gegen Anmaßungen von Unbefugten. Auch bei Rolltreppenbenutzung empfiehlt sich: Immer hübsch mit dem Rücken zur Treppenbande, also schmalseitig zum Treppenverlauf stellen. Zumal auf Bahnhöfen. So ging's also im Gedränge im Bahnhof Zoo treppab, als jemand am Ärmel jenes Armes zupfte, dessen Hand in beschriebener Stellung die Gesäßtasche hielt. Die freie Hand holte gegen die zupfende zum Wirste-wohl!-Schlag aus, aber da leuchtete sonnengleich aus dem Gesichtergewölk der Menge dasjenige eines lieben Bekannten. Er hatte gezupft und gefragt: Wohin? Und ob ich denn auf eine Jauersche Zeit hätte. Das war gegeben.

Auf eine Jauersche ist zwischen uns zu einem geflügelten Wort geworden, wenn wir uns irgendwo zufällig begegneten. Das kam von einem Plausch am Imbißstand in der Halle des Bahnhofs Zoo. Ich bestellte – einer niederschlesischen Wurzel meiner Familie gedenkend – eine Jauersche Wurst, – der Bekannte, ein gebürtiger Berliner, hielt es mit einer Borsigwalder, benannt nach einem Reinickendorfer Ortsteil. Das ist insofern alles wurscht, als a) die schlesische wie b) die Reinickendorfer Brühwurst in dem, was sie mit c) dem Frankfurter Würstchen gemein hat, einerlei ist. Wir kamen in unserem Bahnhof-Zoo-Gespräch von der Wurst auf die Erkenntnis, daß dieses gleichmacherische Einerlei unserer Gegenwart sehr gliche. Das hat nun doch was Philosophisches. Aber mit Obacht, mit Würstchen-Philosophie zusammengepacktes Plaudern soll Kennzeichen ausgerechnet des Bahnhofs Zoo sein? Früher nicht, das stimmt. Aber jetzt. Er war ja in seiner nunmehr hundertvierzehnjährigen Geschichte keineswegs immer ein Ort, an dem man sich – zu Jauerscher oder sonstwas – bedenkenlos verabreden konnte. Er war aber der deutsch-deutscheste aller deutschen Bahnhöfe. Nicht groß, gelegentlich blockiert, war eine kommunistische Festung mitten in Charlottenburg. Er war vorm Mauerbau rettendes Ufer nach einer Bibbertour mit gepackten Koffern westwärts auf der Stadtbahn. Seine Normaluhr zum Hardenbergplatz hin war durchaus zumutbarer Treffpunkt, nicht nur für Liebespaare. Der Bahnhof Zoo war nach dem Mauerbau verludert, wurde Inbegriff für die elenden Kinder vom Bahnhof Zoo, deren Protagonistin Christiane F. sagte: «Allmählich fühle ich mich in der dreckigen Bahnhofshalle schon wohl … Da gehörte ich hin …»

Dieser Bahnhof war ja von Anfang an nie richtig fertig. Erbaut 1882 als Stadtbahn- und Vorortbahnhof in der Stadt Charlottenburg, wurde er erst in den Jahren 1934 bis 1940 als regelrechter Fernbahnhof eingerichtet, allerdings erst zwischen 1954 und 1957 wurden – in Regie der Deutschen Reichsbahn Ost-Berlin – blinde Scheiben eingesetzt. Vor genau zehn Jahren bekam im Zusammenhang mit einer ersten Sanierung und klingender D-Mark die Halle helle Fenster. Da war er noch in Regie der Ost-Berliner Reichsbahn.

Nun sind Bahnhöfe, auch unser Zoologischer, Orte, an denen sich arme Teufel einfinden, die nicht wissen, wohin sonst. Das war immer so. Verjagt sie nicht! Auch Schuster Voigt war so einer. Wo nächtigte er? Beim Bahnhof Wannsee, «und denn uff ne Bank im Jrienen. Wie's kalt jeworn is, bin ick bis Zoo jefahrn und hab mir in Wartesaal jesotzen.» Schlag nach bei Zuckmayer.

Wichtigste Merkmale eines Bahnhofs sind indes Ankunft und Abschied. Ankunft umso lieber, wenn sie Auftakt von Geschichten ist. Volker Ludwigs Sunnie, die hier hundsallein aus westdeutscher Provinz anlandete, um auf der Linie 1 Berlin zu erfahren, ist ebenso in die deutsche Literatur eingegangen wie der Realschüler Emil Tischbein aus dem Nest Neustadt. Er setzte auf diesem Bahnhof seinen Fuß auf Berliner Boden, war gemein bestohlen worden, und mit ihm begann eine schöne, spannende Geschichte, Emils Berliner Abenteuer. Schlag nach bei Kästner.

Den Bahnhof Zoo muß man einfach mögen. Er war Boulevard- wie Staatstheater, in dieser Mischung Berlin pur.

5. April 1998

Die Siegessäule

Laßt uns über Verrückte plaudern. In Berlin wurde allerlei verrückt: Der Nußbaum von der Fischerinsel ins Nikolaiviertel, die Gerichtslaube aus Berlins Mitte in den Park von Schloß Babelsberg, ja auch das Ephraim-Palais ist in seiner Nachbildung um einige Meter verrückt worden. Die jüngste und unbestritten verrückteste Verrücktheit betrifft den sogenannten Kaisersaal des früheren Hotels Esplanade an der Bellevuestraße nahe Potsdamer Platz.

Ich will aber auf die Siegessäule hinaus. Als Verrückte wird sie dies Jahr sechzig. Genau genommen ist sie hundertfünfundzwanzig Jahre alt. Sie wurde 1873, also vor 125 Jahren, auf dem damaligen Königsplatz (heute Platz der Republik) errichtet. Ein Denkmal für drei preußische Kriege und Siege (1864, 1866 und 1870/71), die schließlich zur Reichsgründung führten, zum Kaiserreich. Dieses war nach siebenundvierzig Jahren perdu. Und fünfundsechzig Jahre nach ihrer Errichtung wurde die Säule vom Königsplatz zum Großen Stern verfrachtet. Dort bekam sie – das muß man dieser Aktion belassen – endlich Proportion. Sie wurde um eine Schafttrommel erhöht, verlor so die Massigkeit, und auch ihr Sockel wurde größer. Krönung des Ganzen ist die vergoldete Viktoria. Im Volksmund hat sich – naja – die Goldelse eingebürgert. Doch bürgerlich hieß sie Margarete Otten. Sie hatte dem Bildhauer Friedrich Drake Modell gestanden.

Wie nähert man sich einem solchen Denkmal? Längst nicht mehr mit hymnischem Respekt vor Siegen. Diese Säule hat in ihrer mindestens sechzigjährigen Geschichte einen bemerkenswerten Bedeutungswandel durchgemacht. Sie ist vorwiegend Aussichtsturm (285 Stufen, nichts für jene, die unter Raumangst leiden!). Aber sie ist, was viel zu wenig hervorgehoben wird, kein Sieges-Denkmal mehr, sondern Freundeszeichen. Preußen hatte die Säule mit Kanonenrohren der besiegten Franzosen verziert. Die Franzosen hatten nach dem letzten Krieg Relieftafeln, die auf ihre Niederlage bildhaft anspielen, nicht länger dulden wollen. Sie hatten aber auch, wie die anderen Siegermächte, von der durchaus verständlichen Absicht abgelassen, die ganze Siegessäule zu sprengen. Sie nahmen unverdächtigen Einspruch von

Ferdinand Friedensburg (CDU) – damals stellvertretender Oberbürgermeister – und Louise Schroeder (SPD) – damals amtierende Oberbürgermeisterin – ernst. Wie sich Nazi-Deutschland im ungedrehten Falle verhalten hätte, kann man sich sehr leicht vorstellen.

Und schließlich hatte der französische Präsident Mitterrand mit der Rückgabe von Sockelreliefs zur Siebenhundertfünfzig-Jahr-Feier Berlins der Säule eine ganz andere, eine viel größere Bedeutung gegeben. Die französische Besatzungsmacht hatte nach dem letzten Krieg diese Reliefs, auch das Sedan-Relief, als Trophäen nach Paris geschafft. Die französische Schutzmacht hatte die Tafeln zurückgegeben. Das hatte Noblesse.

Die Siegessäule am Großen Stern, obschon im Schußfeld, hatte auf geradezu wundersame Weise den Kampf um Berlin überstanden. Unter ihr war der Tiergarten zur Steppe geworden, zur erbärmlichen Kleingartenanlage um des nackten Überlebens willen. Der sie 1873 als Siegeszeichen errichten ließ, Kaiser Wilhelm I., hatte bei ihrer Enthüllung gesagt: «Die Siegessäule verkündet der Mit- und Nachwelt, was Hingebung und Ausdauer vermögen.» Da war die Säule aber noch niedriger. Sie wuchs im Laufe von hundertfünfundzwanzig Jahren nicht nur um eine Trommel, ihr wuchs vielmehr eine neue, eine hoffentlich immerwährende Bedeutung zu: der des Sieges über alles Kriegerische, Räuberische.

Und so ist es viel vergnüglicher, die Männer auf den Relieftafeln zu zählen, die keine Bärte tragen. Wir kamen auf achtzehn. Vielleicht waren es sogar mehr Bartlose; denn einigen fehlt der Kopf, wie anderen Gliedmaßen abhanden kamen. Man hat diese beredten Beschädigungen aus dem letzten Krieg vernünftigerweise dem Denkmal gelassen. Dergleichen nimmt allem das Sieges-Pathos, gibt den Bildern hintergründige Bedeutung, dem Denkmal das, was es doch sein soll: Anstoß zum Nachdenken.

19. April 1998

«Lotte», eine Ziege von hohem Rang

Lotte war eine zeitgeschichtliche Ziege von hohem Rang. Und damit ist gesagt, daß die Geschichte, in deren Mittelpunkt sie steht, in Berlin spielte, in Staaken, also Spandau – im August des Mangeljahres 1948.

Es mangelte damals an vielem, wovon sich heutige Wohlstandskinder kaum eine Vorstellung machen können. Davon ist ja jetzt aus Anlaß des Luftbrückengedenkens landauf, treppab reichlich die Rede. Hier war die ostpreußisch durchwirkte Berliner Familie Zech aus Staaken Besitzerin einer Ziege, die sie Lotte nannte. Das Ostpreußische kam mit Hermann Neumann nach Berlin. Er war der Großvater meiner Gewährsfrau Erika Wittig, geborene Zech. Und Großvater Neumann, der Haus und Hof in Ostpreußen hatte verlassen müssen, war nun in Berlin für Lotte verantwortlich, kleiner Ersatz für die einst große Tierhaltung. Lotte gab von Tag zu Tag den in der Familie sehr geschätzten Schuß in die morgendliche Mehlsuppe.

Nun war ja, wie gesagt, West-Berlin seinerzeit auf Versorgung aus der Luft angewiesen. Und auf diesem Luftwege war auch zur Familie Zech eine Portion Lard gekommen. Das war Schweinefett in Dosen. Das hatte Goldeswert. Mit derlei Gold wurde bei Familie Zech ein Festessen anberaumt: «Dieses ergiebige Fett sollte uns mit den frisch geernteten Kartoffeln aus unserem Garten zu knusprigen Puffern verhelfen. Es wurde ein Festessen!»

Es war eine Mangelzeit gewiß, aber keineswegs herrschte Mangel an Einfallsreichtum und der Fähigkeit zur Freude. Es wurde indes ein gestörtes Festessen. Die Familie hatte abweichend von der üblichen familiären Dienstaufteilung darauf bestanden, daß Großvater Neumann diesmal mit bei Tische saß und für die Dauer des Hochgenusses Lotte draußen unbewacht ließ. Dem Großvater schwante allerdings beim Genuß Unheil. Er sah draußen nach dem Rechten. Und er sah den Pflock, an dem Lotte angebunden war, von Lotte verlassen. Mit belegter Stimme sprach er zu den Seinen: «Lotte ist weg!»

Großvater machte sich schwere Vorwürfe, seine Aufsichtspflicht aus Eigennutz vernachlässigt zu haben. Er machte sich augenblicklich auf die Suche. Man hörte immer wieder das flehentliche Rufen «Lotte, Lotte!» Vergebens. Seine Enkeltochter Erika notierte sich hierzu damals diesen Satz: «In der Dämmerung erreichte er den Müllberg. Während einer Lärmpause der im ein- bis zwei Minutentakt anfliegenden Propellermaschinen vernahm er ein leises Meckern.»

Die sehnlichst Gesuchte fand sich hinter einem Wall, dort stand sie mit zitternden Beinen an einen Pflock angebunden. Bei ihr lag eine Axt und stand eine Emailleschüssel – Vorkehrungen für einen heimtückischen Mord. Großvater Neumann flüsterte Lotte leisen Zuspruch zu und legte sich hinterm Wall auf die Lauer. In Dunkelheit gehüllt erschienen die Diebe, um ihr Mordwerk zu vollziehen. Großvater brach aus seiner Dekkung hervor, stürzte sich auf den nächststehenden Burschen – der andere nahm Reißaus –, band Lotte los und ging, den Halunken am Schlafittchen, die Ziege am Strang – fast wie in Prokofjews Triumphzug (Peter und der Wolf) heim. Dort sperrte er den Ziegendieb in den früheren Luftschutzkeller und übergab ihn anderntags der Polizei.

Nun war es an der Zeit, Lotte einem Bock zuzuführen. Familie Zech versah sich diesbezüglich der vermittelnden Dienste von Tante Cile, die über einen Tempowagen (das war ein dreirädriges Lieferauto, auch Dreikantpfeil genannt) verfügte. Mit dem beförderte sie Suppengrün und Gemüse zum Markt. Tante Cile wußte in Heckeshorn am Wannsee einen Bock namens Balduin. Doch Lotte fand an des Bockes Lust zunächst keinen Gefallen. Mit Wannsee verband sie nur einen possierlichen Bootsausflug mit Eberhard. Eberhard hielt sich aus gutem Grund, der Erika hieß, damals oft bei den Zechs in Staaken auf; später wurde er Erikas Mann, die von nun an Wittig hieß.

Lottes Widerstand gegen Bock Balduins Werben wurde gebrochen. Und nach fünf Monaten – nun war auch die Blockade gebrochen – hatte Lotte ein Zicklein. Eine weitere Milchquelle war erschlossen. Wie sagt der Berliner? Da kannste nich meckern!

3. Mai 1998

Menschenraub

Gut zwei Stunden hielt er seine aufgewühlten Empfindungen im Zaum, gut zwei Stunden, in denen er sich acht verlorene Jahre in sibirischen Arbeitslagern erzählend vergegenwärtigte – seiner Jugend gewaltsam entzogene Jahre. Als Eberhard Polthier in seiner Erzählung bei der Heimkehr zu den Eltern und den jüngeren Brüdern – 1955 – angelangt war, da freilich rissen die Zügel.

Hier geht es um die Geschichte eines Jungen, der den verdammten Krieg mit seiner Familie überlebt hatte, und dann – als achtzehnjähriger – der stalinistischen Kalte-Kriegsführung in Form von Menschenraub zum Opfer gefallen war. Die Sowjets verschleppten den Gymnasiasten, der sich ihrem Ansinnen, einen Wittstocker Mitschüler für den KGB auszuhorchen, also ans Messer zu liefern, widersetzt hatte; sie brachten ihn für achteinhalb Jahre in sibirische Arbeitslager, und sie warfen ihn in Baracken zu Schwerverbrechern, die einander bis zum Mord bedrängten, ohne daß die Aufseher dagegen einschritten.

Wir hatten kürzlich im Zusammenhang mit dem Rückblick auf die Blockade die im «Tagesspiegel» vor fünfzig Jahren veröffentlichten Vermißtenmeldungen auszugsweise dokumentiert. In einer war der Name Eberhard Polthier aufgeführt. Er las das, begegnete sich nach fünfzig Jahren als Achtzehnjährigem. Der Jurist, Vater zweier Kinder, lebt nahe Göttingen im Ruhestand.

Seine Eltern und Brüder hatten die elenden acht Jahre hindurch kein Lebenszeichen von ihm, nur die Gewißheit, daß auch er wie Hunderte andere – Männer, Frauen, Jugendliche – nach Sibirien in Straflager verschleppt wurde. Die Mutter ging all die Jahre mit einem vergrößerten Foto ihres Jungen, das sie an einen Stab geheftet hatte, dorthin, wo Heimkehrer aus der sowjetischen Gefangenschaft ankamen: «Wer kennt ihn?» stand neben dem stumm hochgehaltenen Bild. Und jedesmal ging sie ohne Antwort heim.

Die Russen hatten sie 1947 unter Drohungen gegen die ganze Familie gezwungen, ihren Sohn aus Zehlendorf, dem amerikanischen Sektor, nach Wittstock, die sowjetische Zone, zurückzuholen. Eberhard hatte sich, um den Spitzeldiensten des KGB in Wittstock zu entgehen, dorthin in Sicherheit gebracht, war auch schon ins Schadow-Gymnasium aufgenommen worden. Die Sowjets schickten die in die Zange genommene Mutter in Begleitung eines mehrfach vorbestraften Verbrechers zu dem Sohn. Dieser Mann war von den Sowjets in Wittstock zum Polizeichef gemacht worden. Er chauffierte Mutter und Sohn in einen Hinterhalt, wo die wartenden Russen ihn griffen, unter den Augen der Mutter in einen bereitstehenden Wagen zerrten und verschleppten. Für diese Beihilfe zum Menschenraub wurde der Berufsverbrecher, der sich später selbst nach West-Berlin abgesetzt hatte, zu Zuchthaus verurteilt.

Der Junge hatte bei sich die goldene Taschenuhr des Vaters. Die Russen nahmen sie ihm wie andere kleine Habseligkeiten gegen Quittung ab. Quittung? Ein Fetzen Papier, dachte der Junge. Und hatte keine Hemmungen, diese einem Wachsoldaten zu geben, der sich daraus eine Zigarette drehte. Am Ende des achtjährigen Martyriums in mehreren Lagern Sibiriens hielt man ihm die Uhr entgegen, ob es seine sei, und wo die Quittung? Daß sie mit Machorka in Rauch aufgegangen war, verschwieg Eberhard. Am Ende hielt er aber die Uhr, das väterliche Erbstück, wieder in Händen. Eine schlimme Zeit war abgelaufen, die Uhr betreffend wundersam.

Einer blieb in Sibirien zurück. Sein fast gleichaltriger Mitgefangener Günter Kramer aus Spandau, ein Maurerlehrling. Sie waren Freunde geworden, wurden oft getrennt, fanden immer wieder in anderen Lagern zueinander. Für den Fall endgültiger Trennung hatten sie sich auf dem U-Bahnhof Ruhleben, der Bahnhofswirtschaft, verabredet. Ein jeder sollte dort nach seiner Freilassung an bestimmten Tagen nach dem anderen fragen – bis sie sich in Freiheit wiederfänden. Dazu kam es nicht. Der Spandauer Freund war in einem Lager umgekommen.

31. Mai 1998

Wolfsschluchten vom Stutti

Am Stuttgarter Platz, dort wo er Stutti ist, findet sich die Schnittstelle eines europäischen Ost-West-Handels en gros und en detail. Stutti bezeichnet hierzulande verniedlichend die traditionelle Anrüchigkeit dieses östlichen und mittleren Platzabschnitts. Die Berliner Polizei hat aus gegebenen Anlässen den Stutti als gefährliches Gebiet eingestuft. Indes läßt sich dem allen auch immer eine komische, ja annähernd eine poetische Seite abgewinnen.

Hier blüht nachtschattig und gelegentlich auch neben der ordentlichen Wegeführung bürgerlicher Rechtschaffenheit ein Handel mit kleinen wie großen Gebrauchsgütern. Das spielt sich ab in schmalen Läden mit beträchtlicher Tiefe, die zuinnerst in – Samuel hilf! – Wolfsschluchten münden, deren Felsen hochgestapelte Kisten sind. Du dringst bis dorthin naseweis vor, und schon tritt aus einem Schluchtwinkel im Dämmer einer in deinen Weg, der durchaus gebietend in gebrochenem Deutsch dich fragt, womit er behilflich sein könne. So sprach sein Mund. Doch seine Augen redeten eine andere Sprache.

Was hier verpackt gestapelt ist, liegt bei Händlern, deren Muttersprache Russisch, Türkisch oder Polnisch ist. Ihr Deutsch ist einheitlich brüchig. Was hier en gros gehandelt wird, geht nach flüchtiger Berührung mit der deutschen Mehrwertsteuer zu unseren Nachbarn jenseits der EU-Grenze. Das hat seine Rechtmäßigkeit. Hier üben sich EU-Anwärter in kapitalistischem Handelsglück, im Aufspüren von Gesetzeslücken.

Da ist der russisch-sprechende Rotschopf, bei dem ein deutscher Fettwanst mit obszön-verschwörerischem Gebärdenspiel um eine scharfe Waffe vorstellig wurde. Er hatte alle Wolfsschluchten diesbezüglich schon durchstreift: zu Gewehren, Pistolen und Revolvern, mit feststehenden und Schnappmessern bei Marienbildern und solchen des Heilands wie von Lady Diana, vorbei auch an Barbie-Puppen, die in Kartons mit Klarsichtfolie eingesargt liegen. Durch all diese Präsentationen hindurch gelangte er – unsereiner immer hinterherschleichend – zu jenem russischen Händler und war mit seinem Waffenwunsch Neese: Hier nix scharfe Waffen. Die Augen des

Händlers waren dabei auf den Beobachter im Hintergrund gerichtet.

Das ist nun – kurz angerissen – die Handelsseite des Platzes. Er besteht ja nur aus einer Häuserzeile, die überdies von Strassen zerschnitten, gedreiteilt wird. Der Häuserzeile gegenüber liegt ein Parkplatz, wo einmal der West-Berliner zentrale Interzonen-Omnibusbahnhof lag. Er war zum zweiten Jahrestag der Blockade im Mai 1951 angelegt worden. Von hier aus – Junge, hast du auch deine Papiere beisammen!? – ging's dann auf die Transit-Schikanestrecke. Wir nannten den Platz damals schon Stutti. Er hatte längst sein Hautgout. Er lag so ziemlich auf ganzer Länge im Rotlicht. Er machte diesbezüglich auch ein wenig Nachkriegsgeschichte. Seines nicht guten Rufes wegen waren die Stuttgarter Stadtväter beim Berliner Senat beschwerdeführend vorstellig geworden. Und ausgerechnet ein Stuttgarter strauchelte an dieser erogenen Stadtzone später zur Unzeit. Der Mann, ein führender Gewerkschafter und SPD-Bundestagsabgeordneter, hatte 1969 am Vorabend der äußerst spannenden Wahl Gustav Heinemanns zum Bundespräsidenten in Berlin am Stutti im Schein des Rotlichts derart die Hucke voll bekommen, daß man ihn verbunden wie eine ägyptische Mumie zur Abstimmung in die Ostpreußenhalle unterm Funkturm karren mußte. Die Stutti-Eskapade dieses Wahlmannes kostete ihn die Anwartschaft auf den DGB-Vorsitz als Nachfolger von Ludwig Rosenberg. Da wurde er Bundesminister – auch für Verkehr.

Derlei Rotlicht hatte – beiläufige Erinnerung an meine studentischen Irrlichtereien – eine wissenschaftliche Ausdeutung ausgerechnet im keuschen Münster bekommen. Ein Mediziner namens Becher hatte westfälische Professorenwürde erlangt, weil er im menschlichen Zentralorgan, dem Hirn, ein heliotropes Bewirkungszentrum entdeckt hatte. Dies wird unter Rotlicht regelrecht rappelig.

2. August 1998

Im Knautschgesicht der Stadt: Der Fichtebunker

Im Knautschgesicht Berlins steht vieles geschrieben, was die Werbetrommler für eine glatte Hauptweltstadtmetropole geringschätzen. Das gilt für Gebäude wie für Menschen. Nur Jugend zählt, die schafstreuen Alten liefen ihnen sowieso nicht weg – meinen die managenden Vierziger. Dabei müßte man einem Knautschgesicht nur etwas zutrauen und die kleine Mühe aufwenden wollen, seine Linien lesen zu lernen. Wer die Falten beidseits der Augenwinkel Krähenfüße nennt, sie straffen oder übermalen will, liest falsch. Solche Linien abwärts der Augen sind die Sonnenuhr eines Menschenlebens. Dieses stille Bild hat Franz Werfel in einem Gedicht gemalt. Wer an sanierten Gebäuden auch die Narben tilgt, die der Krieg dieser Stadt zugefügt hatte, leugnet Geschichte. Wer beredte Spuren wegglättet um eingebildeter jugendlicher Dynamik willen, schafft Masken. Masken allenthalben, an Menschen wie an Häusern, die das neue Berlin machen sollen. Offenbar ist aber noch nicht alle Nachdenklichkeit dieser grassierenden Neuerungssucht geopfert worden, wofür die alljährlichen Denkmaltage im Altweibersommer mit viel Publikumsinteresse zu sprechen scheinen. Von einem freilich nicht zugänglichen Baudenkmal will ich etwas erzählen: dem Fichtebunker zu Kreuzberg in der Fichtestraße. Er hatte es in sich.

Er ist ein Denkmal für Notgeschichte. Aber er hat auch etwas Heiteres an sich, das nun auch fast schon Denkmalreife hat. Mit breitem Pinsel und weißer Farbe wurde vor vielen Jahren breit über das graue Gemäuer des Bunkers eine Liebeserklärung geschrieben: «100.000 Sonnenstrahlen für Moni». Das ist kaum noch von der Straße her zu erkennen, wurde von Narrenhänden teilweise überschmiert, wird auch von Mutter Natur, die sich im Schutz der Zäune vor das Baudenkmal Fichtebunker gestellt hat, verdeckt. Wer und wo, so geht es mir schon all die Jahre durch den Kopf, mag wohl jene Moni sein. Sie sollte sich doch mal melden, Diskretion ist zugesichert. Eine andere öffentliche Liebesbekundung mit weißer Farbe und breitem Pinsel: «Vroni, ich liebe Dich» – war fast schon unverzichtbarer Bestandteil der elenden Yorckbrücken ebenfalls in

Kreuzberg; jene Vroni konnte ich dank eines Hinweises durch ihre Freundin vor etlichen Jahren in Hamburg ausfindig machen. Das nur nebenbei aus mancherlei Zufälligkeiten meiner vergangenen Stadtstreichereien.

Ganz und gar dem Blick des Betrachters vorm Zaun in der Fichtestraße entzogen ist eine andere, viel ältere, fast vollständig abgeblätterte Inschrift am Bunkereingang: «Mittwochs nur Abfertigung eintreffender Heimkeh...» Heimkehr in den Bunker? Er ist ein Baudenkmal für Notgeschichte. Zu den alljährlichen Tagen zugänglicher Denkmäler bleibt dieses freilich verschlossen. Der 1876 vom Geheimen Oberbaurat Schwedler erbaute Gasbehälter hatte ausgedient und wurde im Kriege als Bunker ausgebaut, diente nach dem Kriege Obdachlosen im weitesten Sinne: Heimkehrern in die verwüstete Stadt, Flüchtlingen auf dem Weg ins Ungewisse, diente später eine Zeitlang denen als Obdach, die in der wieder aufgebauten Stadt nicht mehr die Kraft hatten, mitzuhalten.

Schließlich und zuletzt waren die eintausendfünfhundert Bunkerzellen für sechstausend Menschen den Konservendosen vorbehalten, gefüllt mit Brechbohnen und Apfelmus für befürchtete Notzeiten. Von unseren Schutzmächten angeordnete Bevorratung. Seit die Brechbohnen den Bunker verlassen haben, steht er ungenutzt da. Er hatte es in sich und verdient den Schutz eines Baudenkmals. Er hatte eine Geschichte, die mit Menschen zu tun hat, die in Gefahr und auch in Not waren. Fragt nur die vier starken Eichen auf der Fichtestraße, längst schon sehr alt zu nennende Bäume, die das alles mit angesehen hatten. Ich habe jeden von ihnen umschlungen, jeden zweieinhalb mal – und kam jeweils auf gut vier Meter Stammumfang. Wer sie umschlingt, kommt mit dem Ohr dicht an sie heran. Und wem ein Gehör für Bäume gegeben ist, kann diese erzählen hören aus einem 150jährigen Leben in dieser Kreuzberger Straße. – Bäume sind klüger als Menschen. Sie wissen, daß sie nicht in den Himmel vorstoßen dürfen.

13. Septbember 1998

Rettung eines Kindes

In Berlin, das schon bis zur Unkenntlichkeit verwüstet war, wurde Ende April 1945 noch immer erbittert von Haus zu Haus, Straße zu Straße, gekämpft. Es hatte noch immer kein Ende genommen mit dem Töten. Töten? Nein: Morden! Denn der Krieg wurde aus den niedrigsten Beweggründen angezettelt – also Mord. In jenem Berlin, wo nichts mehr Stadt, aber alles Hölle war, geschah, was am Ende unseres alles in allem erbärmlichen Jahrhunderts auf sonderbare Weise zur Sprache kommt: durch ein fragwürdiges Denkmal. Es wurde 1976 in Treptow an der Ecke Elsenstraße, Puschkinallee nahe dem S-Bahnhof in metallisch-kaltem Ton zur Ehre und zum Ruhm für seine Heldentat dem russischen Offizier Trifon Andrejewitsch Lukjanowitsch gesetzt. An dieser Stelle soll er dem Tafeltext zufolge ein deutsches Kind gerettet haben. Er hatte tatsächlich ein Kind gerettet und war dabei aus dem Hinterhalt gezielt beschossen worden. Seinen schweren Verletzungen war Lukjanowitsch wenige Tage danach erlegen. Ob sich die Geschichte nun hier in Treptow oder anderswo in der Hölle zugetragen hatte, ist einerlei.

Der mich auf diese Geschichte hinwies, will eine angemessenere Würdigung des russischen Offiziers haben, angemessener, als sie mit jenem Tafeltext seiner Ansicht nach an falscher Stelle gegeben sei. Er stößt sich also an dem Gedenkstein. Aber er stieß ein Nachdenken an, eine Vergegenwärtigung der Geschichte mit dem Soldaten Lukjanowitsch und dem kleinen Mädchen. Und diese Geschichte verliert über keine noch so lange Zeit kein Jota von ihrer Gültigkeit für denkbar gutes Menschentum.

Inmitten dieser Hölle war ein Kind, ein Mädchen von vielleicht vier Jahren, an der Hand seiner Mutter auf der Suche nach einem geschützten Ort. Ein unbegreiflicher Gott hatte es geschehen lassen, daß die Mutter tödlich getroffen wurde. Da hockte nun das zutiefst verstörte Kind im Kugelhagel neben seiner leblosen Mutter, zupfte sie flehentlich am Ärmel, rief sie an und begriff gewiß nicht, was die Mutter so reglos machte, nur, daß sie sich sehr weh getan haben mußte, denn sie blutete. Wie tief schneiden solche Erlebnisse in eine Kindesseele, und werden solche Wunden je geheilt?

Ein unbegreiflicher (?) Gott aber hatte dem Kind einen Retter geschickt: den russischen Offizier Trifon Andrejewitsch Lukjanowitsch. Dieser erlag, wie gesagt, wenig später seinen Verletzungen. Es ist in Aufzeichnungen des russischen Frontkorrespondenten und Zeugen des Geschehens, Boris Polewoi, überliefert, daß Lukjanowitsch in seiner Heimatstadt Minsk zu Kriegsbeginn die ganze Familie, samt seinen Kindern, alle Verwandten verloren hatte. Deutsche hatten sie auf dem Gewissen. Zu Kriegsende, im Zentrum des Feindeslandes, rettete er das unschuldige Kind.

Dem Juden Nathan, dem Weisen, waren von Christenhand die Frau mit sieben hoffnungsvollen Söhnen ermordet worden. Seine Verzweiflung trieb ihn fast so weit, der Christenheit den unversöhnlichsten Haß zu schwören und sogar Gott anzuklagen, solches geschehen zu lassen: «Und doch ist Gott! Doch war auch Gottes Ratschluß das!» läßt Lessing diesen Weisen sagen. Und ihm wurde ein kleines Kind, Recha, in den Arm gelegt, ein fremdes, zudem ein Christenkind: «Ich warf mich auf die Knie und schluchzte: Gott! auf Sieben doch nun schon Eines wieder!» Das ist für mich die erschütterndste Stelle in Lessings dramatischem Gedicht.

Dem russischen Soldaten Andrejewitsch Lukjanowitsch hatte fremder Haß alles geraubt, was seinem Leben Halt und Zuversicht gegeben hatte: die Frau und die Kinder, ja die gesamte Familie. Und dann war es in einer Lebenssekunde für ihn selbstverständlich, ein kleines Kind, das neben der toten Mutter im Kugelhagel hockte, zu retten. Nathan sagt, was ein Gott ihn hieß zu tun: «Übe, was du längst begriffen hast, was sicherlich zu üben schwerer nicht, als zu begreifen ist, wenn du nur willst. Steh auf!»

Das wäre, denke ich mir, ein sehr gerechter Denkmalstext für jenen Trifon Andrejewitsch Lukjanowitsch. Er war kein Held. Er war mehr: ein Mensch.

27. September 1998

Mit Theaterzetteln auf Zeitreise

Theaterzettel- und andere Programmblätter – mögen sie noch so geschwätzig und unerträglich gescheit sein – sind eben für einen Abend gültig. Manchmal aber auch nicht. Hier zum Beispiel sind's Zettel, die uns auf eine kleine Zeitreise weit zurück ins nun erschöpfte Jahrhundert begleiten. Mir liegt, Geschenk einer Leserin, ein kleiner Stoß solcher beredter Blätter vor und zwar aus dem Berliner Kulturwinter 1922/23.

Da findet sich zum Beispiel auf dem Billett zu einem Vortragsabend am 4. Dezember 1922 mit Ernst Deutsch im Kammermusikhaus Lützowstraße 112, dem Schwechten-Saal, ein Magistratsstempel zur Lustbarkeitssteuer. Im selben Jahr protestierten Berliner Lichtspielhäuser gegen diese Steuerpflicht mit einem Schließtag. Unsere Senatsverwaltung für Finanzen war so freundlich, mir ein paar Auskünfte über die geschichtliche Entwicklung der Lustbarkeitssteuer zu geben. Die später Vergnügungssteuer genannte gemeindliche Abgabe galt ursprünglich – 17. und 18. Jahrhundert – der Finanzierung des Armenwesens. Ein zutiefst sozialer Grundsatz: Wer sich verlustiert, soll auch abgeben, ob er nun eine ruhige Kugel schiebt, tanzt, Konzerte oder deklamatorische Vorträge besucht, ins Theater geht – er gedenke gefälligst der Armen! Und die Finanznot nach dem Ersten Weltkrieg zwang das Reich, die Vergnügungssteuer zur Pflicht zu machen.

Immerhin hatte im Inflationsjahr '22 Erwin Piscator den Schneid, das Central-Theater aufzumachen für alle schlecht Gestellten, die sonst nur auf Sonntag-Nachmittags-Vorstellungen oder auf die abgespielten Abendvorstellungen angewiesen waren – wie bei der Volksbühne.

Aber jene Volksbühne war eine durchaus erzieherische Anstalt und hatte keine Hemmungen, bei Bedarf ihrem Publikum eine schriftliche Standpauke zu halten: «Unbildung und Rücksichtslosigkeit beweist, wer sich während der Vorstellung mit seinen Nachbarn unterhält, mit Papier knittert oder sonstige störende Geräusche verursacht ... Man muß nicht jedem Hustenkitzel nachgeben und bei zarten, tiefen Stellen und stummem Spiel sich räuspern und schneuzen.» Unsitten (immer!)

und gutes Theater (vereinzelt!) überdauern alle Menschheitsepochen. Um einen heutzutage bis zur Beliebigkeit überdehnten Kultur-Begriff mit demgemäßen Fundstücken aus der Zettelwirtschaft zu bedienen, sei diese Offerte auszugsweise zitiert: «Bin in der Lage zu liefern unter halbem Tagespreis: ZÄHNE (Friedenskautschuk) 3000 und 4000 Mk.» Und als Lockmittel: «ZAHNZIEHEN mit Betäubung bei Bestellung von Gebissen gratis, Zahnpraxis Hatvani, Danziger Str. 1.»

Am meisten rührte mich ein Programmzettel vom 25. Februar 1923 an: Der Deutsche Pazifistische Studentenbund lud zu einem Ernst-Toller-Abend in den Schwechtensaal ein. Ernst Toller, Dramatiker und Lyriker, saß bereits seit 1919 in erbärmlicher Festungshaft. Warum? Weil er, ein Sozialist reinsten Herzens, am Versuch einer Räterepublik in Bayern an vorderster Stelle beteiligt war. Urteil: Fünf Jahre Festung. Tucholsky dichtete bei seiner Entlassung 1924: «Vor den Rechtsausschuß gingst du? Gar nicht schlecht. Da findest du alles – nur kein Recht ...» In der Haft schrieb sich Toller vieles von der Seele. Er war Pazifist. Der Erste Weltkrieg hatte ihn dieses Besseren belehrt. Nun litt er deswegen im Frieden. Die Studenten widmeten ihm einen Abend. Hauptredner: Alfred Kerr. Was er sagte, weiß ich nicht. Aber unter IV seiner Kritik zu Tollers Stück «Masse Mensch» (1921) steht: «Für einen Pazifisten ist es nicht so unangebracht, schlimmstenfalls ein kriegerischer Pazifist zu sein. Im Kern doch von durchgehender Geltung.»

Dann rezitierte Fritz Kortner die Tollerschen Gedichte der Gefangenen. Ich fand sie in der Raritätenabteilung der Staatsbibliothek. Las sie nacheinander, wie Kortner sie vorgetragen hatte. Aus dem Gedicht «Unser Weg» der Schluß: «Das Reich des Friedens wollen wir zur Erde tragen / Den Unterdrückten aller Länder Freiheit bringen. / Wir müssen um das Sakrament der Erde ringen!» Tollers Leben endete sechsundvierzigjährig ausweglos 1939 in erzwungener Fremde in New York.

29. November 1998

Verpaßte Gelegenheit

Mein auswärtiger Besuch und ich saßen in einem der Lokale beim Wasserturm in Prenzlauer Berg und waren in eine Unterhaltung vertieft. Es war zur Mittagszeit. Da trat ein Mann an unseren Tisch und bettelte. Er störte. Wir gaben nichts. Er ging. Auftritt und Abgang dauerten nicht länger als eine halbe Minute. Zurück blieb freilich als augenblicklicher Eindruck das fahle Gesicht mit dem Ausdruck weinerlicher Exaltation und meine zunächst vage Vermutung, diesem Gesicht schon einmal begegnet zu sein.

Es ist ja nichts besonderes, in Lokalen der Innenstadt komische Käuze zu sehen, die von Tisch zu Tisch ihren Geschäften nachgehen – vorzüglich abends und nachts. Nun also schon bei Tage. Der Bettler war längst unverrichteter Dinge abgeschwommen, als sich meine vage Vermutung zur Gewißheit verfestigte: Es war die Nachtigall von Ramersdorf. Also gibt's ihn noch, sieh' an! Und jetzt ist er bettelnd in Prenzlauer Berg unterwegs. Ich hätte ihn auffordern sollen, sich zu uns zu setzen. Eine verpaßte Gelegenheit. In diese Sinnerei hinein rief mein Gast: »He, aufwachen! Was ist los?»

«Du, jetzt weiß ich, wer das eben war.»

«Ich sehe dir an, daß eine deiner Stadtgeschichten fällig ist. Los, erzähl' sie. Aber vorher wollen wir nachbestellen. – Herr Ober, bitte das Gleiche! Also, ich bin ganz Ohr.»

«Das hat was mit dem zu tun, worüber wir eben gesprochen hatten: mit Enttäuschungen. Schau, dieser Mann mit dem Jammergesicht wurde bei Nachtbewanderten im ehemaligen West-Berlin als Nachtigall von Ramersdorf ein Begriff für Kauzigkeit. Er tingelte und sang. Ich hörte ihn nie singen, hörte aber über den Gesang sagen, daß er erbärmlich klinge. Ich hatte ihn mal – ist schon lange her – für meine Zeitung zu portraitieren. Den Spitznamen Nachtigall hatte er verpaßt bekommen, nachdem er in München auf einer Travestieveranstaltung geträllert hatte. Ramersdorf bezieht sich auf einen Vorort von München, von wo er stammt. Es verschlug ihn nach Berlin, wohin sonst. Er sagte mir damals recht pikiert, er wolle keine Nachtigall sein: «Ich bin Schauspieler.» War er natürlich nur in seiner verschlossenen Traumwelt. Die meisten seiner Sätze begannen so: Ich wollte, aber ... Es muß ihm viel daneben gegangen sein im Leben. Vor allem sein Traum vom Beruf. Also tingelte er.

Aber er hatte mir eine hübsche Geschichte erzählt, erfunden oder wahr – einerlei. Bei Geschichten kommt es einzig darauf an, daß sie wahr sind, nicht darauf, daß sie sich nachprüfbar zugetragen haben.

Der Nachtigall also widerfuhr mal eine Frau. In einem Lokal machte diese sich an ihn heran. Mit Eierlikör, um ihn anzufeuern. Da kam, sagte er, sein Freund und wollte die Frau vorgestellt bekommen. Man ging zu Dritt in die Wohnung des Freundes. Dort fehlten Zigaretten. Die Nachtigall wurde zum Automaten geschickt, hatte aber wieder mal kein Geld. Also, sagte er, sang sie. Der Lohn, sagte er, war üppig, aber nur Scheine. Die frißt kein Automat. Also weiter in die nächste Kneipe. Wieder Gesang. Nun aber gegen klingende Münze. Zurück zum Haus des Freundes. Die Tür war verschlossen. Da hat die Nachtigall, sagte er, mächtig gegen die Tür getreten. Aus einem Obergeschoß wurde Wasser auf den Randalierer gekippt, sagte sie. Da ging die Nachtigall zur Polizei. Dort aber wollte er nicht den Guß zur Anzeige bringen, sondern um Beistand bitten, weil der Freund doch nun durchs Mädel in der unzugänglichen Wohnung gewiß arg behelligt werde. Sagte er. Die Polizei aber verscheuchte die Nachtigall. Da ging sie heim, zu sich, allein. Das Mädchen schrieb ihm anderntags einen bösen Brief: Er brauche kein Mädel, sondern ein Kindermädchen, und er könne fürderhin nicht mehr mit ihr rechnen. Sie verließ Berlin.»

«Du, ich glaube, daß das die geringste unter allen Enttäuschungen gewesen ist, die deiner Nachtigall widerfahren war.»

Gewiß. Und fürs Mädel war es auch eine Täuschung; denn sie hatte auf Eierlikör gesetzt, wurde sitzengelassen, enttäuscht. Im Leben gibt's viele Formen der Täuschung. Die meisten betreffen Berufe, die irrtümlich fürs wahre Leben gehalten werden.

7. Februar 1999

Ein Abschiedsbrief

Es gibt sehr haltbare Merkmale der längst versunkenen DDR: zum Beispiel die in westlichen Ohren seltsam klingende Briefanrede «Werter» und die Fähnchenhalter an Fassaden. Nun fällt es – gottlob! – sogar Stadtbewanderten immer schwerer, Straßenzüge im einstigen Mauerbereich entweder dem früheren Ost- oder West-Berlin zuzuordnen. Im Stadtbild heilen Wunden rascher als jene, die jahrzehntelange Zerrissenheit ihren Bewohnern geschlagen hatten. Den untrüglichen Hinweis auf ein ehemals Ost-Berliner Viertel gibt dort, wo die Bezirke Wedding und Mitte sich berühren, in der Scharnhorststraße, besagte Briefanrede. Sie fiel mir dieser Tage en passant auf. Der Brief, datiert vom 24. Juni 1992, ist an Werte Kunden gerichtet und klebt hinter dem staubblinden Ladenfenster eines verlassenen Mietshauses. Die Sonne vieler Jahre hat ihn gebleicht, aber nicht unleserlich gemacht. In dem Brief verabschiedete sich Ihr Friseur Berlin-Mitte, dankte für erwiesene Treue und stellte anheim, in die Oberwallstraße der Friseuse Frau Picht in den Salon Ilona zu folgen. Wie mag es ihr in diesen sieben Jahren ergangen sein? Gegenüber, in der Scharnhorst, liegt ein kleiner Lebensmittelladen. Dessen Inhaber ist hier verwurzelt. Wo Frau Picht abgeblieben ist, weiß er nicht. Er sagte, das Haus gehöre ja jetzt der Bundeswehr. Und das spricht er auf eine verschwörerische Art aus, die auf Einvernehmen lauert. Die Bundeswehr hat ihr Krankenhaus nebenan, wo früher die Vopo die Ihrigen kurierte. Den Salon Ilona fand ich in der Oberwallstraße übrigens auch nicht mehr. Er wich dem Neubau einer Botschaft. Die Suche im Telefonbuch nach einem anderweitig in Mitte untergekommenen Salon Ilona stieß jedesmal ins Leere zwischen Salons namens Hermeline und Ina. Sollte Frau Picht am Ende mit Ilona in der bebenden, sich mehr und mehr entstellenden Stadt versunken sein? Ich muß sie, will Frau Picht finden! Muß mindestens wissen, daß sie wohlauf ist und Arbeit hat. Im Telefonbuch sind zwanzig Pichts eingetragen, davon elf weiblichen Geschlechts. Sie alle anzurufen, ginge zu weit. Bei der Friseur-Innung hätte man mir ja liebendgern geholfen, aber so innig die Innung auch ihre Computer befragte – Fehlanzeige. Bei solcher Sucherei gewinnst du eine noch so fremde Person regelrecht lieb. Es sind nicht die über einen Kamm geschorenen irrlichtelierenden Prominenten des Fernsehens, die mich je interessiert hätten; für mich zählen nur die einzelnen Menschen, die sich zu rund vier Millionen addieren und Berlin überhaupt erst glaubhaftes Leben geben. Eine ist Frau Picht. In der Abteilung Gewerbeerlaubnis von Mitte kamen hilfreiche Wegweisungen zu mehreren Geschäften einer Gesellschaft namens «Ihr Friseur» in Berlin-Mitte. Ich war entschlossen, alle nach Frau Picht abzuklappern. Der erste, Fischerinsel 10, war ein Treffer – aber mit Dämpfer: Frau Angelika Picht ist in Urlaub bis Montag. Doch dann mache ich selber erst mal Urlaub. Nach diesem um Angelika vervollständigten Namen befragte ich das Telefonbuch abermals, geriet aber an die Falsche, eine Mathematikerin. Diese sprach indigniert: Das ist ja wohl ein kleiner Unterschied zur Friseuse. Ei, gewiß doch! Aber beide machen Kopfarbeit. Die Friseuse muß indes keine Sechserlocke mit sphärischer Trigonometrie hinzaubern können, die Mathematikerin widerborstigem Haar keine Disziplin abringen müssen. Und unsereins muß nicht eine Locke auf der Glatze drehen, wenn er seine gesuchte Frau Picht nicht rechtzeitig und leibhaftig erreicht hat. Ihm genügt: Frau Picht geht es allen Beteuerungen ihrer Kolleginnen nach gut, sie hat Arbeit an ein und derselben Stelle, hatte bei jedem Ortswechsel mit einem Brief an die Werten Kunden einige mitzunehmen vermocht. Hiermit hat also ihr sieben Jahre alter Brief in der Scharnhorststraße seine Gültigkeit verloren.

30. Mai 1999

Walther Kiaulehn

Nichts auf der Welt kann mich davon abhalten, der geliebten Eck-Maus kurz das Köpfchen zu streicheln, sobald ich die Brücke passiere. Die kleine Berührung ist immer mit einem geheimen Wunsch verbunden. Das Mäuseköpfchen wurde von vielen Fingern blank gewünscht. Das putzige Tierchen sitzt zu Füßen der Heiligen Gertraude und putzt sich das Bäuchlein. Die Rede ist von der Gertraudenbrücke über die Friedrichsgracht. Sie trägt den Namen in Erinnerung an das Gertraudenhospital am Spittelmarkt. Es gibt keinen Gegensatz zwischen dem kleinen Eck-Maus-Aberglauben und der Heiligen Gertraude, die sich ja auch der Armen erbarmt hatte. Denn Wunsch hat mit Hoffnung, diese mit Zuversicht zu tun. Gertraude ist auch Schutzmutter der Reisenden. Einem dürstenden Wandergesellen reicht sie einen Becher. Wir lesen am Sockel: «Hei, wie das Naß durch die Kehle rinnt und der Bursch mit eins wieder Mut gewinnt. Nun dankt er laut Dir Heilige Gertraut.» Die Eck-Maus gehört zu Mäusen, die den oberen Sockelrand umlaufen. Ein Mäuseband. Das soll auf ein weiteres Matronat der Heiligen hinweisen, jenes über Gräber und Äcker. Das Mäuseband verbindet den musebefähigten Betrachter mit einer schönen Brückengeschichte. Und offenbar hat diese immer wieder zu poetischen Gedankenausflügen angereizt. Einer, der jetzt neunundneunzig Jahre alt wäre, hat uns die wohl schönste Brückenpoesie von der Friedrichsgracht zusammengeschwindelt und mit «Berlinische Novelle» überschrieben: Walther Kiaulehn. Er starb anno '68 mit achtundsechzig Jahren, starb als Berliner in München, wohin es den journalistischen Tausendsassa, den herrlichen Feuilletonisten und Schriftsteller nach dem Kriege verschlagen hatte. Die Novelle sei also mit dürren Worten und ein wenig variiert nacherzählt: Zwei Freunde stehen auf der Gertraudenbrücke. Sie spazierten durch die Stadt, die gerade mal wieder umgepflügt wurde, zum Beispiel fürs Reichsbankgebäude. Dergleichen kennen wir. Sie blickten von der Brücke hinüber auf einen Pavillon hinter einer Mauer. Dieser hatte einen Balkon, den Dichter-Balkon. Warum er eigentlich immer so genannt werde, wollte der eine vom anderen wissen. Und der Befragte erzählte ihm eine Verliebtheitsgeschichte. Er hatte mal ein Mannequin umhummelt. Auf dieser Brücke standen sie damals. Das schöne Dummerchen, ein Mannequin – jetzt ja Model genannt –, wollte wissen, was es mit dem Balkon für eine Bewandtnis habe. Der Verliebte suchte sich deren Herz mit vorgetäuschtem Wissen zu erschwindeln und sagte, dort habe Heine in seiner Berliner Zeit gewohnt, Gedichte gedichtet und den Mädchen, die so aussahen wie das Dummerchen, nachgeguckt. Freilich war der Pavillon samt angedichtetem Balkon nichts weiter als eine Portierswohnung. Die erdichtete Schwindelei hatte den Verliebten freilich nicht ans Ziel seiner Sehnsucht gebracht; denn er hatte es vor lauter Herzepumpern versäumt, das Köpfchen der Eck-Maus rasch zu berühren. Das Model schloß sich einem erfolgreichen Unternehmer zum Erfolgsbild an: Jung, schön, dynamisch. Kennen wir. Diesen angelte sie sich von dieser Brücke aus, indem nun sie ihm die Dichtergeschichte als ihre Literaturkenntnis erzählte. Und ihr Galan hatte das in seinen Kreisen herumerzählt. So gelangte die Geschichte in eine Illustrierte. Und wenn eine Geschichte in einer Illustrierten, sodann auch in Zeitungen steht, in Radios und – in unserer Kulturepoche – in Talk-Shows nachgeplappert wird, ist sie unumstößliche Wahrheit. Aber an meinem eigenen Beispiel erfuhr ich – so sprach der Freund zum Freunde – daß es Lügen gibt, die so gut sind, daß sie in den Bezirk der höheren Wahrheit aufrücken. Ich füge heute hinzu: Nur wenn ein der Zeitung entwachsener Poet wie Kiaulehn sich eine Stadtgeschichte zusammenreimt, wird's am Ende eine Sage. Ehre seinem Andenken!

8. August 1999

Hirsch im Grenzstreifen

Zum zehnten Jahrestag des Mauerwankens am 9. November wird es publizistische Nachbeben geben. Bei solch geballter Geschichtsarbeit gehen kleine Geschichten unter. Also kommt mir der heutige neunte Jahrestag der Deutschen Einheit gerade recht, um eine kleine, erlebte Geschichte zu erzählen. In ihr kommt die Mauer auch vor, allerdings ausnahmsweise in einem durchaus komischen Zusammenhang. Die Geschichte liegt genau sechsundzwanzig Jahre zurück, spielte in West-Berlin. Hauptakteur war ein Rothirsch. Ein Zwölfender. Er hatte Polizei, Feuerwehr, Tierärzte und uns Journalisten anständig auf Trab gebracht und vierundzwanzig Stunden hindurch gehalten. Der Hirsch hatte eigenwilligen Gebrauch vom Grenzstreifen, dem sogenannten Unterbaugebiet im Mauerschatten am Teltowkanal gemacht. Dorthin hatten wir West-Berliner offiziell keinen Zutritt. Darüber wachten im Turm schußbereite Grenzer. Die saßen auf Menschen an, für Hirsche fühlten sie sich nicht zuständig. Sie sollten ja gar nicht auf den herrlichen Kerl ballern, sie sollten ja nur …

Der Hirsch hatte sich von seinem Rudel im Freiwildgehege Grunewald, zwischen Koenigsallee und Grunewaldsee, entfernt. Dies auch noch in der Brunft! Ein paar zudringliche Sauen waren ihm auf die Nerven gegangen. Er hatte mit Leichtigkeit den zwei Meter hohen Zaun übersprungen und trieb sich nun nächtens in der Stadt herum. Menschen, die ihm an ganz und gar unvermuteter Stelle im Dunkel der Herbstnacht begegnet waren, waren drauf und dran zu glauben, ihren Verstand verloren zu haben. Von mehreren Stellen in Wilmersdorf, Zehlendorf und Steglitz wurden bei der Polizei solche Wahrnehmungen gemeldet. Die Funkstreife machte sich auf die Socken, verfolgte den Hirsch, der ihnen aber mit anmutigen Sprüngen allemal entkam, sich in den Schwarzen Grund verlor, dann in Lichterfelde-West an der Finckensteinallee auftauchte, abermals entkam und in der frühen Morgenstunde in Zehlendorf beim Behringkrankenhaus – des Treibens müde – sich vom Tierarzt aus einiger Entfernung eine Betäubungsspritze schießen ließ. Dem Zugriff der Fänger freilich entzog sich der stolze Hirsch dennoch, wenn auch torkelnd. Er sprang in den Buschgraben, wo Zehlendorf-Süd an Kleinmachnow (DDR) stößt. Und ließ sich an der Mauer auf DDR-Gebiet nieder. Dort versank er in Schlaf. Das wäre die Gelegenheit gewesen, ihn in Morpheus Armen tragend dem Rudel zurückzugeben. Aber die in solcher Sache über Megaphon angerufenen Grenzer im Turm reagierten nicht. Die glaubten wohl, von ausgebufften westlichen Agenten auf den Leim gelockt zu werden, die sich eines gedungenen Hirschs als Trojanisches Pferd bedienten. So verstrichen Stunden. Bis zum Mittag des nächsten Tages. Und der Schlaf des Hirsches wurde von beiden Mauerseiten bewacht. Er schlief sich ordentlich aus. Die Grenzer wurden aber des westlichen Heerlagers aus Feuerwehr, Polizei und Journalisten überdrüssig, traten anderntags gegen Mittag durch ein Grenztürchen und verscheuchten unseren Hirsch. Der entkam wieder dem Zugriff, stürzte sich in den Teltowkanal, durchschwamm diesen behende bis zur Knesebeckbrücke zwischen Alt-Schönow in Zehlendorf und Teltow in Brandenburg. Wieder legte er sich an die Mauer. Abends lautete die Meldung: Lage des Hirsches unverändert. In der Nacht machte er sich wieder auf und entschwand.

Der Hirsch kehrte nach etlichen Tagen heim zum Rudel. Der Grunewalder Forstamtsleiter Michaelis saß gerade beim Morgenkaffee und blickte hinüber ins Gehege. Dort war das Rudel versammelt und in dessen Mitte – der Hirsch. Dieser erzählte gerade den Seinen, daß es erträglicher sei, im Gehege von Sauen genervt, als draußen von Menschen, vor allem Journalisten gejagt zu werden. Der Hirsch hatte Einsichten gewonnen, die Journalisten nur einen Stoff.

3. Oktober 1999

Der deutsche 9. November

Der deutsche 9. November gleicht einer Medaille, in deren eine Seite Gewinn (1989) geprägt ist, in die andere Schuld (1938). Vom nächtlichen Mauerwanken läßt sich zur Nacht vom 9. auf den 10. November 1938 eine gedankliche Verbindung herstellen. Die Nacht von 1938 bleibt das schuldbeladene deutsche Datum der Synagogenschändungen und der hinterrücks inszenierten staatlichen Gewalt gegen Menschen. Die gedankliche Verknüpfung – 1989 mit 1938 – will ich mit einem Berliner Gebäude, dem Ephraim-Palais, herstellen, wo sich Teil um Teil zu einem ganzen Bild verbindet. Zu dessen Geschichte, gerafft gesagt, dies: Der Bankier Veitel Ephraim war ein Jude, dessen sich Friedrich der Große bedient hatte, damit er der klingenden Münze seines Landes einen klirrenden Ton gebe. Zu käuflichen Diensten sind Menschen aller Zeiten, aller Bekenntnisse und aller politischen Zustände willig. Ephraim wurde mit dem Palais königlich entlohnt. Es stand 1935 einer Straßenverbreiterung im Wege und wurde abgetragen. Die Zierteile wurden gekennzeichnet und auf einen Kreuzberger Lagerplatz geschafft. In den frühen achtziger Jahren trug sich West-Berlin mit dem Gedanken, das Palais in Nähe zum Berlin-Museum nachzubauen. Einer Verwirklichung wurde West-Berlin enthoben, weil Ost-Berlin entschieden hatte, das Palais am verbürgten, wenn auch um wenige Meter zurückgesetzten Eckplatz im Nikolaiviertel zu rekonstruieren. Die Säulen und Gesimse gab West-Berlin sodann hinüber. Mit den im westlichen Berlin kriegsbedingt gelandeten Figuren der Schloßbrücke, dem Schillerdenkmal vom Gendarmenmarkt und eben auch den Zierteilen des Ephraim-Palais war ein kultureller Steintransfer mit Ost-Berlin einigermaßen in Gang gekommen. Ein Bemühen von westlicher Seite um kulturelle Gemeinsamkeit in der Stadt. So fügte sich Teil um Teil zu neuem Ganzen. Im Mai '87 war das Ephraim-Palais fertig. Im Herbst '88 wurde darin eine bemerkenswerte Ausstellung eröffnet. Sie stand unter dem Wort «Und lehrt sie: GEDÄCHTNIS», einer Verszeile von Erich Mühsams Gedicht «Vermächtnis». Die Ausstellung galt dem fünfzigsten Jahrestag der Novembernacht von 1938. Das Bemerkenswerte bestand darin, daß alles auch mit Dingen bestückt war, die über die Mauer hinweg ausgeliehen wurden: aus dem Bundesgebiet, West-Berlin, Montreal und auch aus Wien. Wieder fügte sich Teil um Teil zu einem Ganzen – Bruchstellen keineswegs kaschierend. Da hing bei all den Judaica eine Sabbatlampe, Mainz 1772. Sie gehörte dem damaligen Verband Jüdischer Gemeinden in der DDR. Der Lampe fehlte die Säge genannte Aufhängung. Das Kreuzberger Berlin-Museum hatte eine, der wiederum die Lampe fehlte, und lieh sie aus. Wieder kam Teil zu Teil und bildete ein Bild.

Der von Nazifaust geschundene, schöne Kopf von Moses Mendelssohn steht mit diesen beredten Spuren ja im Foyer des Jüdischen Gemeindehauses Fasanenstraße. Er war in der Grossen Hamburger Straße vom marmornen Sockel gestoßen worden. Vom Kopf gab es für die Ausstellung eine gute Nachbildung. Den Sockel wiederum hatte man im Heizungskeller neben der Ruine der Neuen Synagoge Oranienburger Straße gefunden, repariert, seine Inschrift herausgearbeitet. Nun wurden neu-altes Haupt und alt-neuer Sockel eine Einheit. Wir sahen solches Gefüge mit dem nur in Berlin geschärften Blick für Trennung.

Die Zeile «Und lehrt sie: GEDÄCHTNIS», ein Jahr vor jenem November '89, bekommt im Rückblick einen noch tieferen Sinn. Teil um Teil ist aus gemeinsamer Schuldgeschichte zusammengefügt zu einem Ganzen. Die Fugen, ja Narben dürfen nie kaschiert werden. Nichts kann wieder sein wie am Ursprung. Aber es kann dem ursprünglichen Sinn ähnlich werden. Das lehrt uns: GEDÄCHTNIS.

7. November 1999

Betrachtung einer Brandwand

Hier hat eine Zeit Spuren hinterlassen. Die Zeit zählt 130 Jahre. So alt ist das Haus. Seine Rückwand ist vom Putz bis aufs Mauerwerk enthäutet. Die Ziegelreihen, eine ganze Brandwand hoch, zeigen zwar noch tragfähige Ordnung, aber hier und da sind Risse, sind kleine Verwerfungen in der Linie zu sehen. In den Ziegelzeilen steht viel geschrieben. Der Mörtel quillt spröde zwischen ihnen hervor, läßt sich zwischen Daumen und Zeigefinger zerbröseln und hält dennoch, was sich der Maurer von ihm verspricht. Keine Bombe hatte das Haus getroffen. Es findet sich in der Oranienburger Straße 39 im Bezirk Mitte. Von der Oranienburger aus ist es freilich nicht zu sehen, weil es ein Hinterhaus, ein Seitenflügel ist. Meine Aufmerksamkeit erregte es beiläufig bei einem Spaziergang durch die Auguststraße, in der Reparaturen alter Häuser Fortschritte machen. Die Oranienburger bildet mit der Auguststraße einen spitzen Winkel, der genau auf das Tacheles zielt. Von dieser Spitze aus die Auguststraße zwei Hauswände entlang zurück klafft eine Lücke, die den Blick auf zwei Hinterhöfe freigibt. Sie gehören zu den Vorderhäusern an der Oranienburger Straße 39 und 41; unsre Hauswand gehört zur 39.

Mich faszinierte das Farben- und Formenspiel des Ziegelwerks, das ein gleiches Ganzes bildet; aber in seinen Einzelteilen ist jeder Stein in Form wie Farbe anders. Alles haben Maurer auf Holzgerüsten vor einhundertdreißig Jahren hier gefügt. So ist doch von jedem ein Handwerk bewahrt, lange über seine bemessene Zeit hinaus. Bei solcher Betrachtung des Ziegelwerks glitten die Gedanken ab in unsinnige Rechnerei, wieviele Steine hier wohl haushoch und hauslang gefügt wurden. Hatte schon Ziegelmaß genommen: fünfundzwanzig Zeilen bis auf Augenhöhe. Dieser Albernheit machte ein anderer Gedanke ein Ende: Die Mauer ist das eine, das entscheidend andere ist das Leben, das dahinter steckte. Jetzt ist das Haus unbewohnt, bedarf der Herrichtung. Wer aber mag hier zu verschiedenen Zeiten gewohnt haben? Nun gibt es ja alte Adreßbücher. Im Jahre 1899 gehörte das Haus zum Beispiel dem Maurermeister Gliesche. Ein Gastwirt war hier gemeldet, ein

Wäschefabrikant, ein Pelzhändler, Kaufmänner, ein Rentier, eine Witwe, ein Fondsmakler und – ein Rabbiner Stier. Es wechselten mit den Jahren die Namen und Eigentümer, bis 1932 aber war immer ein Rabbiner hier daheim. Der letzte ist als Jakobovits, J. Dr. aufgeführt. Konnte er den Häschern entkommen? In der Stiftung Neue Synagoge Berlin – Centrum Judaicum, ein paar Häuser weiter, sah man für mich im «Biographischen Handbuch der deutschsprachigen Emigration nach 1933» nach und fand darin den Rabbiner Julius Jakobovits. Dieser war Österreicher, geboren 1886. Er promovierte 1914 in Würzburg über «Die Lüge im Urteil der neuesten deutschen Ethiker», war anfangs in Königsberg, dann von 1928 bis 1938 Rabbiner bei der Berliner Jüdischen Gemeinde, war hier auch Vorsitzender (Dayan) des rabbinischen Gerichts. Im Jahr 1938 emigrierte er nach London. Dort war er auch Dayan des rabbinischen Gerichts und starb 1947. Er war also den Mördern entkommen. Nicht aber Lotti Brasch, geborene Stössel und ihr Mann. Sie wurde 1870 in Holdmezö-Vasarhely, Ungarn, geboren, ihr Mann Max 1866 in Berlin. Sie wohnten hier. Im Centrum Judaicum fand man den Hinweis, daß das Ehepaar Brasch mit dem achtzehnten Alterstransport am 9. Juli 1942 nach Theresienstadt verschleppt wurde. Lotti Brasch gilt laut Eintragung als in Auschwitz verschollen, Max kam in Theresienstadt um. Mehr wissen wir nicht von diesen alten Leuten. Aber das Wenige kann helfen, um die Abstraktion nackter Zahlen aufzulösen, die sich auf Gleis 17 des Güterbahnhofs Grunewald findet: In die sechzigste Tafel neben dem Gleisschotter ist eingeprägt: 9.7.42 / 100 Juden / Berlin-Theresienstadt.

16. Januar 2000

Nachruf auf Aballa

Ein Mann blieb unauffindbar; ein Firmenname verblüht, und dennoch rundet sich alles auf Hundert. Der Mann heißt Helmut Bartelt, ein Sattlermeister alten Schlages, und seine vor ungefähr fünfzehn Jahren aus Altersgründen verkaufte Werkstatt hatte den merkwürdigen Namen Aballa – dieser verblüht zusehends. Dennoch kann das hundertste Jubiläum noch still gefeiert werden, bevor eine Kreuzberger, ja kernberlinische Handwerksgeschichte zu ultimo ‘oo endet und zwar in Neukölln. Nach seinem Rückzug aufs Altenteil vor ungefähr fünfzehn Jahren zog sich Meister Bartelt auch peu à peu von jenen zurück, mit denen er aus gemeinsamer Handwerkszeit im schönen, alten Kreuzberger Gewerbehof Schlesische Straße 20 Fühlung gehalten hatte. Niemand weiß, wo er ist. Die Werkstatt wurde aufgegeben, Aballa vom Neuköllner Sattlermeister Wolf-Dieter Lehe gekauft. Er hat sie über anderthalb Jahrzehnte in Ehrfurcht bei schwindender Wirtschaftlichkeit bewahrt. Zu Jahresende, nach einer kleinen Hundert-Jahr-Feier, wird Aballa, das Anhängsel eines größer angelegten Betriebes, zu Grabe getragen.

Als ich Meister Bartelt vor fünfundzwanzig Jahren in Kreuzberg kennengelernt hatte, waren Aballa fünfundsiebzig, Bartelt sechzig Jahre alt. Der Sattlermeister hatte die Nachfolge seines Lehrherren angetreten. Dieser hieß Ernst Wolfgramm und hatte den Rang eines Berliner Markttaschenkönigs erlangt. Bartelt war bei ihm Stift, dann Geselle, schließlich Meister. Aus diesen Etappen von den Lehrjahren bis zu den Herrenjahren konnte keiner beredteren Bericht geben als Meister Bartelt. Wenn ich daran zurückdenke, rieche ich regelrecht den schönen, weichen Duft des Leders dieser Werkstatt. Bartelts Vater hatte dem Sohn einen Rat gegeben: «Lernste mal ein Mädel kennen, und wenn du dann in deren Familie eingeführt wirst, wird man dich fragen, was du bist; wenn du sagst ‹Sattler›, dann biste was.» Helmut wurde was. Und zwar bei Ernst Wolfgramm. Und keineswegs in günstiger Zeit. Als er antrat, 1930, war der Hofstaat des Handtaschenkönigs von achtzig auf zwanzig geschrumpft. Die Wirtschaft lahmte. Lehrstellen waren knapp. Wolfgramm aber war ein unternehmerischer Tausendsassa. Das zeigte sich schon bei der Wahl des Namens Aballa. Er hatte im Telefonbuch unter W ganz hinten gestanden. Wollte aber ganz nach vorn. Er nannte seine Kreuzberger Sattlerei kurz und bündig Aballa, was lang und breit hieß: «Alle Bearbeitungen aus Leder, Ledertuch. Amen.» Das war vor hundert Jahren. Der Sattlerei im großen Stil, Aballa, war bei Wolfgramm die Produktion von zunächst sehr gefragten Flanierstöckchen vorausgegangen. Die Stöckchenzeit war bemessen. Wolfgramm entsann sich seiner Meisterschaft. Er kreierte die Markttasche für Hausfrauen, die es auch in billigerer Ausführung aus Ledertuch, sprich Kunstleder gab. Sie schlug mächtig ein. Hermann Tietz am Dönhoffplatz machte für diese Taschen sogar ein ganzes Fenster frei. Daher rührte Wolfgramms Königswürde. Der Krieg kam, und in einer Bombennacht des Winters '44 sank das Haus in der Reichenberger Straße in Schutt und Asche. Kurz darauf sank Wolfgramm ins Grab. Bartelt trat das Erbe an, blieb in Kreuzberg und zwar nun in der Schlesischen Straße 20. An dessen Vorderhaus lesen wir an aufgefrischter Fassade A.D.1899. Bartelt machte nach dem Kriege geschickt sein Glück. Die russische Besatzung bestellte bei ihm fünfundsiebzigtausend Futtersäcke. Das Material lieferte sie ihm. Dann kamen die Amis, und da war das Russengeschäft futsch. Aber Hamsterkäufe zogen Hamstertaschen nach. Aballa lieferte. Kurz: Es ging immer mal so, dann wieder so, und auch der «Tagesspiegel» wurde früher in Aballa-Taschen ausgetragen. Meister Bartelt erwies sich seines Wolfgramm-Erbes würdig, hielt Aballa hoch, so lange es ging: Alle Bearbeitungen aus Leder, Ledertuch. Amen.

23. Januar 2000

Gewisper aus dem Baugrund des Auswärtigen Amtes

Wo ja nun das Außenministerium hochmögend steht, wispert's aus dem Baugrund. Es sind hübsche Geschichten. Sie sind obendrein im wahren Wortsinn verbrieft. Ein solcher Brief, geschrieben am 10. April 1895, liegt in Abschrift neben mir. Er lag in einer geborgenen Blechkapsel, die mit anderen üblichen Beigaben gefüllt in die Grundmauer einer Erweiterung des 1669 gebauten Hauses Holzgartenstraße 8 steckte. Aus ihm will ich köstliche Proben geben. Unser Auswärtiges Amt ist auf gut gedüngtem Grund gebaut worden, zu welchem auch der längst zugeschüttete Münzgraben zählte. Zugeschüttet und – halten zu Gnaden in heutzutage geläufiger Drastik: zu beträchtlichen Anteilen auch zugeschissen. Auf die sich aufwendig zur Geltung bringende Bundespolitik gemünzt paßt, was in jenem Brief des Königlich Rumänischen und Herzoglich Sächsischen Hoflieferanten Paul Telge steht; er lieferte aus seiner Fabrik Münzen, Orden und Medaillen. Daraus zunächst dies: In Telges Jugendzeit, also zur Mitte des neunzehnten Jahrhunderts, wurde der Münzgraben zur Müllkippe. Wir kennen dergleichen. Telge schreibt weiter, daß Jedermann zu jener Zeit seinen eigenen Dung noch aus hervorspringenden kleinen hölzernen Anbauten ablud. Die Polizei mochte die Schweinerei nicht leiden. Doch die Hauswirte hatten dazumal dicke Köpfe. Es sei eine sehr schöne Idylle gewesen, lesen wir, Häuschen an Häuschen und dann und wann ein leichtes Stöhnen und Ächzen, ein schwerer Fall ins Wasser und ein Seufzer der Erleichterung waren die einzigen Störer des Stillebens. Hinckeldey, der Polizeipräsident, schickte seine Feuerwehr dorthin, damit sie die Brillen vernagelte. Die Graben-Anrainer entnagelten die Brillen wieder, und fröhlich erhielt der Münzgraben Neuen Zuwachs von «Goldfischen». Etwaiges Stöhnen und Ächzen heutiger Staatsdiener in ihren Neuen Palästen darf auf keinen Fall woanders herrühren, als von der Last verdammter Pflicht und Schuldigkeit an den Bürgern, von denen sie hoch besoldet werden.

Unserem Briefschreiber war, auch das lesen wir im Kapselbrief, als jungem Burschen etwas auf den Kopf gefallen. Nicht, was Sie jetzt im Anschluß an die Brillensache vor Augen haben, sondern von festerer Konsistenz: ein Balken. Der hatte sich aus dem Dachgesims des alten Vaterhauses Holzgartenstraße 8 gelöst. Der Kopf hielt das aus. Die Reparatur des Gesimses förderte unterhalb des Giebels eine aus Blei gegossene Maurermedaille von 1669 zu Tage. Sie war mit einer mumienartig ausgetrockneten Ratte verbunden. Zu jener Zeit galten vereinzelt noch abergläubische Zeremonien. Es wurden bösen Geistern zu deren Besänftigung Opfer dargebracht: Man mauerte anfangs vorzüglich Frauen in die Grundfesten ein, lebend, versteht sich, sogar Hühner und andere Haustiere. Aber was nutzt uns eine eingemauerte Frau oder Henne, wenn ansonsten ein menschliches Ungenügen waltet, sich davon die Geister nicht blenden lassen. Hier also, auf besagtem Grund, auf dem in unserem Jahrhundert erst die Reichsbank, dann das ZK der SED, nun also die Außenpolitik sich hochschraubten, war's vor gut dreihundert Jahren eine Ratte.

Der Briefschreiber packte 1895 in die Kapsel auch einen außerordentlich feinen Cognac von Dupont, «2 etriles aus Cognac als Probe für meinen Nachfolger». Der Brief endet mit der Hoffnung, das Haus möge nicht aus schmieriger Spekulation gekauft werden. Es wurde 1934 für die Reichsbank abgerissen. In den Grundstein des A.A. wurden heutige Blätter mit ihren Botschaften gelegt. Der Kladderadatsch vom 10. April 1895 schrieb hellsichtig: «Wohl hör' ich die Botschaft klingen / Allein, wer glaubt noch etwas heut' / Wenn's unsre Zeitungen bringen!»

30. Januar 2000

Vom Sinn eines Zoos

Frühjahrsmelancholie trieb mich zu den gefangenen Tieren. Es war übrigens ein verhangener Montag. Es hätte ja auch ein Freitag sein können, ein sehr zoobezogener Tag; denn an einem Freitag war der berlinischste aller Löwen, nämlich Franz, seinem Zwinger und Kurt Tucholskys Phantasie entsprungen, hatte die Menschen draußen kennengelernt, wozu der Kluge im Gegensatz zu uns Menschen nur einen Tag brauchte. Franz hatte von diesem Ausflug unter die Menschen die Schnauze voll: Er legte sich der Länge nach nieder und sagte mit Wärme und Überzeugung: Nie wieder! Franz zog die Gefangenschaft einem gehetzten Dasein unter Menschen vor.

Aber Löwen, ja Katzen jeder Größe, haben es mir angetan. Ihr Anblick in Gefangenschaft drückt mich nachhaltig nieder. Ich mied das Raubtierhaus. Den gewaltigen Löwen davor aber, gegossen in Bronze, gemacht von Reinhold Begas fürs Berliner Denkmal Kaiser Wilhelms I. vorm Stadtschloß, galt mein Ausflug. Die Löwen lagen ursprünglich über Waffen zum Zeichen des Ruhms; ihre Aufgerecktheit sollte Bereitschaft zur Verteidigung symbolisieren. Ja, der Mensch borgt sich aus eigenem Unvermögen die Majestät aus der Kreatur, ohne es ihr zurückzuzahlen. Diese Tierkönige hatten dem menschlichen Kaiserbild dienstbar zu sein. Nun aber liegen sie mehr, als daß sie Ruhm und Verteidigung kundtäten, fern der Stadtmitte faul auf Felsblöcken in Friedrichsfelde.

Vom Affenfelsen hörte ich keckes Gekicher über die aktuelle Diskussion um einen architektonischen Maskenball ohnegleichen: die Nachäffung des Stadtschlosses in Berlin. Sollten dann auch die lümmeligen Löwen aus Friedrichsfelde zurück zur Schloßattrappe? Nun müssen wir gerechterweise hier den Hintergrund des Affentheaters erhellen. Hilf Lessing, hilf! Beim Rangstreit der Tiere zogen die Affen und Esel den Kürzeren. Daher nun ihre Häme. Es waren allerlei Tiere beieinander, die sich um den Rang (neudeutsch dürftig «Stellenwert» genannt) stritten. Zutiefst menschlich. Also riet das Pferd, den Menschen zum Ratgeber zu wählen. Maulwurf, Hamster und Igel hatten Zweifel an der Menschen allerfeinster Vollkommenheit. Das

Pferd wieherte Einspruch, weil's vom Menschen besessen ist. Immerhin wurde dieser gefragt, worin er den Wert schlechthin erkenne. Der Mensch sprach menschlich zweideutig: Nach dem Grade, ohne Zweifel, in welchem ihr mir mehr oder weniger nützlich seid. Der Löwe nahm nun die Sache in seine Tatze. Mit der Wertschätzung nach jeweils gültigem menschlichwirtschaftlichen Maßstab ist's niederträchtig bestellt. Es gilt der Augenschein. Es gilt Glamour. Es gilt der Verdienst der Jugend, nicht das Verdienst des Alters. Der Löwe weiß das. Er sprach: Es geht um einen nichtswürdigen Streit! Man halte ihn für den Vornehmsten oder Geringsten, ihm sei es wurscht: Genug, ich kenne mich! Und ging.

Und wie ging's dann weiter unter den anderen? Soll's ihn denn jucken? Nun gut, wir sind nun mal bei den Tieren, die sich der Mensch gefangen hält, um sie vor seiner Wilderei zu schützen. Und da sprachen nun der Affe und der Esel, die sich dem Menschen und deren hinterlistiger Wertschätzung anverwandelt haben. Sie gingen als Letzte von der Versammlung und murrten über die Konsequenz des Löwen. Wohin gingen sie denn, na? Sie gingen zu ihren Zeitungen, wo sie angestellt waren, und schrieben maulige Leitartikel über das Ende eines Rangstreits. Denn ihre Blätter nährten sich trefflich vom behaupteten Streit anderer. In Wahrheit aber wurmten Affe und Esel, daß sie in ihren Diensten nach gängigem menschlichen Maßstab ausgenutzt werden: zum Nachäffen wie zur Packeselei. Das lehren uns Lessing und der Zoo, auch wenn er Tierpark heißt.

12. März 2000

Vorsätzliche Verwandlung zum Touristen

Im Stadtbahnbogen 599 setze ich mich vorsätzlich einer Verwandlung zum Touristen in der eigenen Stadt aus. Vorzugsweise in sommerlichen Abendstunden. Diese Verwandlung beginnt schon bei Ankunft auf dem Bahnsteig Savignyplatz. Gibt es einen kurzweiligeren als diesen auf der ganzen Stadtbahnstrecke, als welche jene von Ostbahnhof bis Charlottenburg gilt? Diese Strecke liegt über Stadtbahnbögen, die vom Ostbahnhof aus in Westrichtung gezählt werden. Mein Bogen 599 liegt unterm Bahnhof Savignyplatz. Zu dem hinauf geht es durch Bogen 600. Die Kurzweiligkeit dieses Bahnsteigs wird von zwei Brandwänden bewirkt: Ben Wargins bedenkenswerter Weltbaum am Gleis stadtauswärts und jenseits der S- und Fernbahn-Gleise ist's eine Brandwand, auf der Buchstaben aus Wortzusammenhängen geblättert sind und Bruchstücke zurückließen: «...OLADE» und sehr verwaschen auch ein Hinweis auf Eisenwaren und «...ARREN». Sollten diese Wortfetzen eines Tages überputzt werden, ginge viel von der Poesie verloren.

Hinunter zu meinem Bogen 599. Das ist ein Café der italienischen Art. Gelegen an der kleinen Gasse zwischen Savignyplatz und Bleibtreustraße. Dies Gäßchen hat's in sich, in Bögen gemessen von 597 bis 605. Es heißt seit 1999 Else-Ury-Bogen. Einzig mit dem mir so lieben Maler Lesser Ury konnte ich bislang etwas anfangen. Und Else Ury – ob verwandt mit Lesser, konnte mir keiner sagen – steht in keinem Lexikon. Ich konnte mit Else Ury nichts anfangen, weil ich keine Schwester habe, nur mit vier Brüdern aufwuchs. Eine Schwester hätte gewiß die «Nesthäkchen» von Else Ury gelesen. Millionenfache Auflagen hatten diese Bände. Noch heute, wovon ich mich gestern in einer guten Buchhandlung überzeugen konnte, gibt es die «Nesthäkchen»-Bücher, dessen erstes 1914 in Charlottenburg – nahe Savignyplatz – geschrieben wurde. Nun wurde Frau Ury nicht nur dieserhalb mit einer so kleinen, desto reizenderen Gasse postum geehrt. Sie wurde 1877 in Berlin geboren, zog 1900 mit ihrer Familie nach Charlottenburg an den Savignyplatz Nummer 7. Sie wurde 1943 in Auschwitz ermordet. Daß man ihren Namen diesem Gäßchen gegeben hat, ist schön. Else Ury hat Generationen von Mädchen so hübsche Bücher geschrieben, weil sie ein warmes Herz hierzu befähigte. Die Mörder traten es aus.

Was es nun mit der Verwandlung zum Touristen zu tun hat? Dieses Gäßchen hat einiges von einem Pariser, einiges von einem Prager oder anderem entlegenen Sträßchen: Kleine Geschäfte, Restaurants, frei vom Kraftverkehr. Passanten jeglicher Herkunft und Sprache, denen sich Bobo unbekümmert in den Weg legt, dieser große, braune Hund, dieser reizende Kerl, der zum Krimskramsladen gegenüber gehört, wo es solch unnütze, aber heitere Dinge gibt, die sich Touristen als Andenken an einen Ort kaufen, an dem sie, von der Leine des Alltäglichen gelassen, jeder Albernheit herzlich zugetan sind. Um Bobo machen alle einen Bogen. Das ist hier seine Gasse. Und auf ihr ist für alle Platz. Auch für Musikanten, zuweilen für Akrobaten. Ich träume mich hier gern zum Beispiel nach Paris oder in eine Prager Gasse.

Hier muß ich mal gestehen, daß ich ungern verreise. Mir genügt die Gewißheit, daß ich es jederzeit in alle Himmelsrichtungen hin könnte. Aber warum sollte ich, wenn ich nicht will? So setze ich mich gern vor den Stadtbahnbogen 599 und sehe den Touristen zu, verwandle mich ihnen an. Und immer gegen zweiundzwanzig Uhr kommt Gunnar mit seinen frischen Zeitungen und macht kurze Meldung von den jüngsten Ereignissen. Der Umkreis des Savignyplatzes ist sein abendliches Revier. Dann ist es Zeit, daß ich aus meiner Verwandlung trete und heimwärts ziehe: Drei Stationen stadtauswärts, und ich bin wieder in Berlin.

21. Mai 2000

Ein Lied

Ein läppisches Liedchen schlug eine jener stets gespannten Saiten an, die Kindheitserinnerungen zum Klingen bringen. Aber wie ging das Lied denn noch? Das fragte sich in Amerika ein Mann, der dorthin als sechzehnjähriger Berliner Gymnasiast Jakob mit den Eltern gegangen war und ein amerikanischer Jack wurde. Das war 1938. Und das war keine normale Auswanderung, war Flucht im allerletzten Moment vorm mörderischen Zugriff. «Wer weiß, wann wir uns wiedersehn am grünen Strand der Spree ...» – so fängt das Liedchen an, das dem jetzt Endsiebziger im Kopf herumsummte. Jeder kennt derlei kleine Quälgeistereien, wenn einem weder Text noch Melodie vollständig gegenwärtig sind, nur ihre Bruchstücke geistern. Jacks angeheiratete Berliner Cousine rief bei mir an und fragte. Dem Vetter aus Amerika konnte mit Hilfe des Zentrums für Berlinstudien geholfen werden. Nun ergab sich dabei eine Geschichte, die deutscher nicht sein kann.

Die Familie von Jack heißt Feibelmann. Sein Vater trug den Vornamen Siegfried. Er war Vertreter von Textilsachen. Das Stadt-Adreßbuch von 1933 nennt neben Siegfried noch drei andere Feibelmann, Kaufleute alle, ob untereinander verwandt, weiß ich nicht. Aber gewiß ist, daß alle Feibelmanns jüdische Familien sind. In den Adreßbüchern bis 1938 ist Siegfried aus der Köpenicker Straße 73 in dieser Feibelmann-Gesellschaft verzeichnet. Das Jahr 1938 war jenes des 9. November. Es war das Jahr, in dem Siegfried Feibelmann mit Frau und dem sechzehnjährigen Jakob Berlin verließ. Ein Jahr drauf, 1939, ist nur noch ein Feibelmann im Adreßbuch aufgeführt, dem 1940 von den Nazis zum eigenen Vornamen ein Israel aufgezwungen wurde, wie allen jüdischen Frauen eine Sarah. Im letzten Berliner Adreßbuch von 1941 – weitere waren sinnlos geworden infolge des forcierten Bombardements – steht der letzte Feibelmann noch drin. In den USA schlug sich der junge Jack für seine Eltern mit allerlei Arbeit durch. Er gründete später eine Fabrik, eine eigene Familie, und nun, da er auf achtzig zugeht, haben die Kinder das vom Vater aufgebaute Geschäft übernommen. Der alte Mann begann mit einem Literaturstudium und mit der Bergung seiner verschütteten Erinnerungen an die Berliner Kinderzeit. Viele Feibelmann-Zweige wurden von Mordhand gebrochen, wenige entgingen gottlob solchem Zugriff. Auch an dieser Familie zeigt sich, was am Ende die Abstraktion des Grauens von sechs Millionen Mordopfern aufhebt.

Jacks Cousine hatte 1950 dessen geschiedenen Onkel in Berlin geheiratet. Als Nicht-Jude war er vorher mit einer Jüdin, der Tante von Jack, verheiratet. Er konnte sie rechtzeitig vor dem Zugriff der Mörder nach London in Sicherheit bringen, mußte selbst aber hier bleiben, wo ihm der Paß entzogen wurde. Die Liebe band beide über die höchst ungewisse Dauer der Trennung. In England schloß sich die einsame Frau den Kommunisten an. Nach dem Kriege kehrte sie heim nach Berlin. Hier wählte sie den sowjetischen Sektor als ihren Stadtteil, die politische Nähe zu Hilde Benjamin, der fürchterlich rachwütigen Justizministerin, war im sowjetischen Sektor anfangs als jüdische West-Emigrantin vordergründig willkommen, bald aber von den Stalinisten beargwöhnt, indes nicht geheilt von kommunistischer Verheißung eines besseren Deutschlands. Daran zerbrach die Ehe. Kann es deutscher zugehen?

Jack kam nach Überwindung des SED-Regimes besuchsweise nach Berlin, um nun – wovor er sich immer gefürchtet hatte – doch noch die Kindheitswege abzuschreiten. Das Elternhaus war nicht mehr da. Die Schule auch nicht; denn sie stand dem Mauerbau im Wege. Kann es deutscher zugehen? Das war sein Wiedersehen an der Spree, die nur im läppischen Lied hier einen grünen Strand hat.

28. Mai 2000

Augusts Weg kreuzt sich mit dem von Tucholsky

Der erschöpfte Sommer hüllte die Stadt noch einmal wohlig ein, nicht zu warm; denn es hatte schon zu septembern begonnen. Wir setzten uns ins Lokal, stießen das Fenster auf, blickten auf ein Bühnenbild, das in scheinbar nichts Weiterem bestand als einer Kreuzung mit zwei Eckhäusern, dessen eines unten eine Bar hat, die Tische aufs Trottoir gestellt. Die in die Szene treten, bewegen sich schlendrig ohne Gespieltheit, und es sind vorherrschend jüngere Leute, die wohl von weit oder unweit herkommen. Autos vermindern hier ihre Geschwindigkeit – das gebietet die Kreuzung von Tucholsky- und Auguststraße. Wir befinden uns in Berlin-Mitte. Und auf diese Kreuzung, den Schnittpunkt zweier Namen, will ich hinaus. Hier schneidet sich tatsächlich etwas.

Fragt mal in Berlin jemanden, wofür der Name seiner Straße, seines Platzes steht, zu wem oder was er gehört. Immer das Gleiche: Darüber habe man sich noch keine Gedanken gemacht. So auch straßauf-straßab in der Auguststraße. Hier zeigt sich schnoddriges Desinteresse. Aber herummaulen, wenn ein unwürdiger Name aus dem Schild genommen werden soll, Klage wegen der Kosten, die Briefkopfänderungen verursachen. Was ist denn das für ein unsinnlicher Stadtgebrauch!

Mir geht's – um eine Mißdeutung zu vermeiden – bei August keineswegs um dessen Tilgung aus den Tafeln. Der Name ist in der Mitte Berlins ein höchst vertrauter Bezugspunkt. Für sich genommen. Am Schnittpunkt mit Tucholsky wird's apart. August war seit Juli 1833 zur Stelle. Tucholsky kam später, nämlich im Frühling '51. August war ein Hohenzollernprinz, ein General, der sich in den Befreiungskriegen gegen Napoleon als Chef der Artillerie hervorgetan hatte. Dieses Verdienst macht die Kreuzung mit dem Namen des unglücklichsten Pazifisten des zwanzigsten Jahrhunderts, Kurt Tucholsky, durchaus verträglich. Ihm wurde also eine Straße gewidmet.

Und bevor Tucholsky – übrigens beschämend spät für seine Vaterstadt! – 1951 seine Straße im damaligen Ost-Berlin bekam, hatte sie Artilleriestraße geheißen. Das hatte im Zusammenhang mit August gestanden. Tucholsky hier vorzustellen, weigere ich mich. Wer ihn nicht kennt, mit dem rede ich nicht. Basta.

Ich habe in Freund Georg Holmstens Berlin-Chronik nachgeschlagen, was so im Jahre 1833 los war, als August auf die Straßenschilder gesetzt wurde. Hören Sie sich das auszugsweise mal an: Eine Berliner Polizeiverordnung reagierte auf die französische Julirevolution mit Verboten: Das Tabakrauchen auf den Straßen und Promenaden in Berlin, Charlottenburg und in dem Tiergarten ist verboten. Dieses Verbot wurde – welch ein Revolutionserfolg! – anno 1848 aufgehoben. Des weiteren war befohlen worden: Hunde, welche ohne Halsband herumlaufen, werden von den Knechten des Scharfrichters aufgegriffen.

Berlin hatte damals 236 Straßen und Gassen, 23 öffentliche Plätze und Märkte, 29 Kirchen, 41 Brücken – und 236.000 Einwohner, die unbedingt und ohne allen Anstand den Anordnungen Folge zu leisten hatten.

Und was trug sich 1951 zu, im Jahr, da Tucholsky eine Straße bekam? Ernst Reuter trat vor die Vollversammung der Vereinten Nationen in Paris, die erstmals deutsche Redner zu Wort kommen ließ. Er sagte, es sei offenkundige Absicht der Sowjetunion, die Spaltung Berlins zu verewigen, weil sie eine Niederlage des kommunistischen Regimes in Ost-Berlin als Ergebnis von Gesamtberliner Wahlen fürchte.

Abendkühle wehte nun durchs Lokalfenster. Wir schlossen es. Der himmlische Beleuchter unseres Bühnenbildes hatte Feierabend, die Stadtwerke machten nun Licht. Kein Eiserner Vorhang senkte sich herab. Und darauf stießen wir an.

3. September 2000

Ein Münzfund

Was man so treibt im Stubenarrest, wenn's – wie letzten Sonntag – nur so schüttet. Man dödelt herum. Dies Wort fiel mir soeben aufs Papier, es sitzt, finde ich, also lasse ich es steh'n. Das zeitvertreibende Dödeln also bestand darin, daß ich in hinterste, vernachlässigste Fächer meines Schreibtisches vorstieß. Dort griff ich eine längst vergessene Schatulle und machte darin einen Geldfund. Er bestand aus drei Fünf-Mark-Stücken, Sonderprägungen von 1975 (Europäisches Denkmalschutzjahr), 1976 (Hans Jacob Christoph von Grimmelshausens) und 1978 (Balthasar Neumann). Die Stücke sind angelaufen. Doch geht der Wert des Geldes am wenigsten nach Sauberkeit. Warum redeten wir sonst von Geldwäsche, durch welche der schmutzige Erwerbsweg verwischt werden soll?

Der römische Kaiser Vespasian war ein äußerst sparsamer Mensch, was dem Staatshaushalt zugute kam. Er hatte keine Scheu, sogar dort Geld einzutreiben, wo allzu menschliche Bedürfnisse unaufschiebbar sind: in öffentlichen Anstalten. Sein Sohn Titus fand das anrüchig: Vater, das kannste doch nich machn! Doch der Kaiser konnte die einträgliche Anrüchigkeit dem Sohn gegenüber lateinisch plausibel machen: pecunia non olet (Geld stinkt nicht). Die Franzosen bewahren jenem Vespasian ein ehrendes Andenken, indem sie ihre Stehanstalten Vespasienne nennen. Man kann den lateinischen Spruch auch ins Deutsche mit einer sinngleichen Redensart übertragen: Wess' Brot ich esse, dess' Lied ich singe. Das nennt man heute Werbung. Wer könnte davon aus täglicher Anschauung kein Lied singen? Wieder so eine Redensart, die nun sogar in Berlin geprägt wurde, und zwar von dem Luther-Schüler Johann Agricola. Er war Mitte des sechzehnten Jahrhunderts hier kurfürstlicher Oberhofprediger. Sein Name ziert eine Moabiter Straße. Er konnte ein Liedlein singen, wie ihm manche Mühe vergolten wurde, nämlich so, daß es eine Mücke auf dem Schwanz hinwegtragen könne. Ich trug nun spaßeshalber meine drei Münzen zu einem kleinen Laden in Moabit. Er ist angefüllt mit Münzen, altem Geld, mit Briefmarken, Staub, Orden und anderem Blech. Man muß klingeln. Dann teilt sich an der hinteren Schmalseite des Lädchens ein verschlissener Vorhang, und es tritt der Händler auf, öffnet und fragt, was man denn wünsche. Ich fragte ihn nach Fünf-DM-Prägungen jener Jahre, um zu erkunden, was sie in solcher Handlung noch wert seien. Der Mann hat sie auf Lager. Und verkauft den Heiermann für acht Mark. Ei,ei, dieser Schelm! Doch erreicht er damit noch nicht jenen Zinsverlust, den ich durch die nicht artgerechte Schatullenhaltung meiner Fünfer in Kauf genommen habe. Diesen Verlust bezifferte meine Bank überschlägig auf fünf Mark pro Stück. Übrigens zeigte der Münzhändler an meinen Münzen kein Interesse, reagierte sogar auf mein Angebot unwirsch.

Die Sache mußte zu einem Abschluß gebracht werden. In einem Selbstbedienungsladen legte ich an der Kasse die Münzen hin. «Issn det?» fragte ausweislich ihres Namensschildes Frau Schütte. Ich sagte: «Geld.» «Frau Schubert», rief nun Frau Schütte, «kannst du mal kommen?» So sprechen Kassiererinnen sich an. Es kam Frau Schubert, betrachtete auch das Rätsel, murmelte etwas von Spielgeld und rief «Frau Ludwig, kannst du mal bitte kommen?» Auch Frau Ludwig hegte Zweifel an der Echtheit des Geldes.

Nun trug ich die Münzen zur Bank, die mir auf ausdrücklichen Wunsch dafür drei Fünf-Mark-Scheine aushändigte. Mit diesen kehrte ich um, einer erneuten Abweisung aus Unkenntnis über die Gültigkeit umlaufenden Geldes gewärtig. Doch ich konnte bei Frau Schütte, Frau Schubert und Frau Ludwig meine irgendwie ins Zwielicht geratene Bürgerlichkeit gerade noch retten.

10. September 2000

König von Albanien

Tierfänger war er, aber auch Abdecker. Otto Witte verstand sich zudem aufs Schwertschlucken, das er in Spanien gelernt hatte, und er diente als Deutscher bei der türkischen Armee im Majorsrang, in Istanbul sogar beim Geheimdienst. Ach Gott, wissen Sie: Es glimmen zuweilen in einem Menschen mancherlei Fähigkeiten, die nur entfacht zu werden brauchen, um zu lodern. In Abessinien entflammte Ottos Herz für die Tochter des Negus. Er entführte sie, kam aber nicht weit mit ihr. Entkam aber dem Henker. Wenn er schon keine abessinische Prinzessin bekommen konnte, so wollte er wenigstens König von Albanien werden. Das wurde er 1913. Da war er einundvierzig Jahre alt. Um das Ende vorweg zu nehmen: Otto Witte, der ehemalige König von Albanien, fand 1958 auf dem Ohlsdorfer Friedhof in Hamburg seine letzte Ruhe. Sein zeitweilig königlicher Rang ist in seinen Stein gehauen. Seine vorletzte Ruhe fand er nach Kriegsende in Berlin in der Kattegatstraße 10. Alles von einiger Bedeutung hat selbstverständlich mit Berlin zu tun.

Das ist mir so recht ein Stöffchen gegen die Tristesse dieser Jahreszeit. Und das Weddinger Heimatmuseum brachte mich darauf. Dort wird eine höchst empfehlenswerte Ausstellung prallsten Lebens unter dem Titel «Von Häusern und Menschen» gezeigt. Die Lebensspuren des ehemaligen Königs von Albanien, also unseres Otto Witte, sind dort als heiteres Kapitel umrissen. Daß er 1872 in Düsseldorf geboren wurde – na, irgendwo tritt jeder mal seine Lebensbahn an. Sein Vater war Schausteller. Dergleichen prägt. Treibt ins Weite. Weitet den Gesichtskreis. Und glich aus, daß er weder Schreiben noch Lesen gelernt hatte. Aber sprechen in vielen Zungen, das ging mit dem ihm eingeborenen Charme eine gedeihliche Verbindung ein. Wie also wird man König von Albanien? Nichts einfacher als das. Otto, der Verwegene, weilte Schwert schlukkend in Nähe des in Betracht kommenden Landes. Albanien hatte sich seit 1910 gegen eine Türkisierungspolitik gestemmt und wurde 1913 unabhängig. Und es war ein König vonnöten. Otto witterte Morgenluft. Mit einer Phantasieuniform samt

Orden kam er dem rechtmäßig ausersehenen Thronanwärter, dem türkischen Prinzen Halim-Eddin zuvor, zog sich hinter einem Rosenbusch um und wurde in Tirana jubelnd empfangen. Er wurde gekrönt und handelte in der richtigen Reihenfolge: Erstmal vereidigte er einen gut bestückten Harem auf sich, dann das Militär. Aber die ewig witternde Journaille sah eine gewisse Gegensätzlichkeit zu einem anderen Prinzen, der sich auf Auslandsvisite befand. Davon bekam dieser Wind. Unser Otto-Halim-Eddin Witte, dieser getürkte Türke, schlüpfte – Guter Mond, du gehst so stille – rasch in Bettlerlumpen und konnte gerade noch entkommen. Alles währte nur fünf Tage.

In seinem Herkunftsland, also Deutschland, war die Erste Republik entstanden. Und nun war der ehemalige König von Albanien gefordert: Er machte eine Abdeckerei auf. Auch das muß schließlich gemacht werden! Sodann gründete der ehemalige König von Albanien ausweislich des «Handbuchs für den Preußischen Landtag, Ausgabe für die 1. Wahlperiode» (von 1921 an), Berlin: April 1921 eine «Partei für den Mittelstand, die Bauern, Kleinhändler und Schausteller» im Rheinland und in Hessen. Das ging eine kleine Weile so.

Und die verfluchten zwölf Jahre von 1933 bis 1945 wurde der König von Albanien und Parteigründer wieder das, was er zuinnerst immer war: Schausteller, Schwertschlucker und Zauberkünstler. Und nach dieser Zeit Weddinger Gelegenheitshändler. Und als 1956 die Operettenhochzeit einer amerikanischen Filmschönheit in Monaco stattfand, beschwerte sich der ehemalige König von Albanien brieflich, nicht eingeladen worden zu sein. Ehre seinem Andenken!

5. November 2000

Knitter im Gesicht

Mein Berlin liegt seitab von der Bundeshauptstadt, die mir viel zu plustrig ist. Meine Wege sind nicht sehr belaufen, und das begünstigt eine ruhige Betrachtung all dessen, was am Wege, ja, was nahe liegt: Berlin und seine Lebensspuren. Die Sophienstraße in Mitte liegt am hinteren Tor der Hackeschen Höfe, durch das sich die touristische Menge quetscht. Seitab, hinters Haus Sophienstraße 8, verliert sich kein Stadtbesichtiger. Dort ist es ja auch nicht schick. Es ist ein stiller Gewerbehof. Ich betrachte gern die Kehrseiten, es sind die ehrlicheren Seiten einer Stadt. Hier zog mich ein Schild an, das aufs Blindenhandwerk Berlin GmbH, auf Bürsten- und Besenherstellung im Hof hinweist. Es trat mehr als das zutage.

An jedem Werktag kurz nach fünf Uhr in der Früh' gehen über diesen Hof zwölf Menschen in den rechten Seitenflügel, zehn Männer, zwei Frauen. Sie sind blind. Und sie gehen eine Etage hoch ins Haus, an dessen Hofseite ein Lastenaufzug infolge Stillegung eingerostet ist. Die Blinden kommen alle aus dem früheren Ost-Berlin und dessen Weichbild und von noch weiter her, aus Oranienburg und Königs Wusterhausen zum Beispiel. Hier in der Sophienstraße ist das Blindenhandwerk schon seit vielen Jahrzehnten ansässig. Das erzählten sie mir und auch, daß sie wohl bald hier hinaus müßten. Das Haus wurde an die Nachkommen jener Menschen zurückgegeben, denen es die Nazis weggenommen hatten. Die in ihre Rechte eingesetzten Eigentümer suchen den Blinden ein anderes Quartier.

Nun gibt es ja die alten Adreßbücher. Sie sind uns im Zentrum für Berlinstudien jederzeit zur Hand. Dort schlug ich unterm noch unverfänglichen Jahr 1932 die Sophienstraße 8 auf und fand als Eigentümer G. Jakobowitz aus Wilmersdorf verzeichnet. Im Jahr 1936 ist eine Blindenanstalt Friedenau M. Rosenzweig eingetragen, als Hauseigentümer werden Frau F. Jakobowitz, der Kaufmann G. Jakobowitz aus Lichterfelde und ein Rechtsanwalt L. Jakobowitz aus der Friedrichstraße 150 genannt. 1937 steht neben der Blindenbürstenwerkstatt Friedenau, M. Rosenzweig gesondert eine Blinden-Bürsten-Werkstatt,

Gesellschaft zur Beschäftigung blinder Handwerker GmbH; und als Eigentümerin des Hauses findet sich noch Frau F. Jakobowitz und als Verwalter der Kaufmann gleichen Namens. Im Jahre 1938 blieb es bei der Eigentümerin Jacobowitz, nun mit einem c geschrieben und dem Kaufmann Jacobowitz, hinter dessen Namen in Klammern Amsterdam steht. Wieder ein Jahr drauf, 1939, ist der Name Jakobowitz nicht mehr als Eigentümer eingetragen, dafür aber die Kommerz Bank Unter den Linden 22-26. Und M. Rosenzweigs Blindenwerkstatt ist auch nicht mehr verzeichnet, wohl aber jene GmbH. Alte Adreßbücher sind nicht nur eine Ansammlung von Namen – viel beredter ist, welche Namen in gewissen Jahren verschwanden.

Das Grundstück Sophienstraße 8 stößt an Grundstücke der Rosenthaler Straße. In Nummer 39 gab es auch eine Blindenwerkstatt. Ins Pflaster der Toreinfahrt ist eine bronzene Tafel eingelassen, die auf den guten Geist dieses Ortes hindeutet, den Namen Otto Weidt. Er hatte in seiner Blindenwerkstatt jüdische Menschen beschäftigt, es vermocht, viele vorm Zugriff der Gestapo zu bewahren. Darunter auch Inge Deutschkron. Ich will voraussetzen, daß dieses Kapitel bekannt ist. Anderenfalls ist der Besuch eines von Studenten eingerichteten Gedenkortes in Weidts alter Werkstatt herzlich empfohlen. Was dort an wenigem Werkzeug gezeigt wird, stellten die Blinden in der Sophienstraße zur Verfügung. Und so spannt sich ein Bogen von dem Seitenflügel in der Rosenthaler 39 (Weidts Blindenwerkstatt) zum Seitenflügel Sophienstraße 8. Das sind die Knitter im ungeschminkten Gesicht Berlins.

19. November 2000

Ballett der Pizza-Bäcker

Heute mal – mir ist gerade so zumute – ziemlich drauflos. Das Tempo wird von Toni, Nico und Ciccio vorgegeben. Sie reißen einen ganz schön mit. Sie geben ein Pizza-Ballett, das Ausdruck, ach was: Ausbruch einer tiefinneren Heiterkeit ist. Wir gehen ja tagein-tagaus an vielen Lebensäußerungen vorbei, die uns erfrischen, auf Trab bringen könnten, wenn wir eben nicht nur daran vorbeigingen. Berlin ist eine einzige Bühne, auf der reineweg alles gespielt wird: vom Trauerspiel bis zur Klamotte. Wahrgenommen, will sagen: ausgewalzt, wird aber vorrangig das Miese. Problemhudelei allenthalben. Die schwere Kunst der leichten Hand ist verpönt. Alles wird vergällt. Und die Welt wird davon auch nicht besser.

Laßt uns zu Toni, Nico und Ciccio zurückkehren. Sie sind Pizzabäcker dort, wo das Lokal zwölf Apostel im Schilde führt: unter den Stadtbahnbögen 177 bis 180 der Georgenstraße. Der beste Apostel-Platz ist an der Bühnenrampe, der Anrichte, ein kleiner Vierertisch. Er steht an der Einflugschneise des behenden, jungen Bedienungspersonals. Auch dies – von Hals bis zur Sohle schwarz gekleidet – vollführt biegsam ein Ballett, erotisch auch, doch doch.

Die Pizzabäcker sind zweckmäßigerweise weiß gewandet. Deren Choreographie besteht aus drei ineinander greifenden Szenen. Die erste ist die Teiggewinnung in einer Knet-Trommel. Das Mehl wird mit Wasser vermählt und dem Trommelgetriebe überlassen. Diese Szene spielt neben dem Backofen. In den fertigen Teig, einen ungefügen Batzen, krallen sich die Finger dessen, der ihn zur entgegengelegenen Nebenbühne schleppt. Selbst dieses Schleppen hat Anmut. Auf enger Bühnengasse, in der die lange Stange einer Pizzaschaufel wie eine Lanze geführt wird, das dampfende Gebäck aus der heißen Höhlung holt und es mit Schwung auf einen der Teller an der Anrichte wirft. Dabei wird freilich keine Fliehkraft entfesselt, die das Backwerk uns womöglich um die Ohren schleuderte. Ich mache hierzu andeutenden Applaus. Das wird regungslos in den Augenwinkeln aufgenommen. Die mittlerweile dem Teigbatzen abgeschnittenen, faustdicken Teile werden in einer

Hand mit unnachahmlicher Eleganz zu Kugeln geformt und dem Nebenmann überlassen. Dieser stemmt auf bemehltem Tisch – tempo energico – mit beiden Handballen aus einer Kugel einen Fladen. Drei oder vier solcher Fladen werden übereinander geschichtet. Dann dehnt der Zuständige das geschichtete Gebilde mit Ring- und Mittelfingern beider Hände bis zur großen Pizzaform. Dieses Gebilde nun wird flugs im rhythmischen Gleichklang flach über den Tisch im Tiefflug geschleudert und vom Hauptakrobaten geschickt aufgefangen. Er wirft den Fladen in die Höhe, fängt ihn mit gerecktem Zeigefinger auf, versetzt ihn in wilden Kreiswirbel, wie wir es von Tellerakrobaten aus dem Zirkus kennen, bringt die entfesselten Zentrifugalkräfte durcheinander, indem er den Finger am fliegenden Teigteller randwärts lenkt, damit zunächst ein schlappes Dreh-Gehinke bewirkt, das aber bald in gaukelnden, schmetterlingsgleichen Wellenflug übergeht und endlich auf der bemehlten Piste landet. Mit einem klatschenden Handschlag des Meisters bedacht, wird der Fladen nun mit all dem dekoriert, was ihn zur bestellten Pizza macht.

Wäre ich fünfundfünfzig Jahre jünger, so würde ich beschlossen haben, nicht mehr zum Zirkus zu gehen, sondern Pizzabäcker zu werden. Aber es wäre dann ja doch wieder nichts weiter geworden als das Backen kleiner Brötchen. Kinderträume werden nie wahr, weil sie vom Ernst-des-Lebens-Gerede Erwachsener gestört werden. Es fehlt uns eben so ein bissel italienischen Komödiantentums, das sogar eine Pizza zur runden Sache werden läßt.

14. Januar 2001

Manch einer wird seine Lieblingsbrücke haben oder täglich über eine gehen oder fahren. Es gibt viele Brücken in Berlin, an die tausend. Es sind vielerlei, für jeden etwas. Ich bin in puncto Brückenliebe ziemlich polygam. So kann ich mich zum Beispiel an der Stahlarchitektur der Stößenseebrücke über die Havel nicht satt sehen: an den Streben und Bögen, der bis ins Kleinste berechneten Schönheit einer stahl-gebändigten Zug- und Schubkraft. Die ganze schwere Last ruht auf nur vier Punkten, über die der gewaltige Druck flächenhaft verteilt wird. Hier bilden Technik und Natur ein schönes Ganzes. Noch eine ganz andere Brücke zählt zu meinen Lieblingen: jene über einen Spreearm, auf der die liebliche Figur der Heiligen Gertraude steht. Um deren Sockel laufen bronzene Mäuse, von denen die sitzende Eckmaus von mir bei jeder Passage der Gertraudenbrücke am Köpfchen berührt wird, das aber nicht nur von mir ganz blank gegriffen ist: Viele verbinden mit dieser Berührung einen geheimen Herzenswunsch.

Herzenswunsch ist nun das Stichwort für wiederum ganz und gar andere Brücken, denen ich zwar keine konstruktive Schönheit abgewinnen kann, jedoch – wie der Gertraudenbrücke – Poesie. Ich komme auf die Yorckbrücken über die Schöneberger Yorckstraße zu sprechen. Es waren Eisenbahnbrücken. Es sind nur noch Brückenskelette. Die stützenden Säulen mit den Kapitellen sind verrostet wie die Gleise, sofern sich noch welche finden. Ich kann nicht sagen, ob's acht, zehn oder wieviele Brücken sind, immer verzähle ich mich. Zählen ist nicht meine Stärke, fürs Erzählen aber habe ich eine Schwäche. Brücke drei wurde vor genau zehn Jahren mit zwei anderen abgerissen, wofür «altersbedingte Schäden» vorgeschoben wurden. Nun klafft dort eine Lücke. Dem Abbruch fiel auch eine Liebeserklärung zum Opfer, die an sie geschrieben stand. Sie war stadtweit all jenen bekannt und geradezu sprichwörtlich, die je wachen Blickes unter den Yorckbrücken hindurch Richtung Kreuzberg fuhren: VRONI, ICH LIEBE DICH!

Ein kleiner Zufall spielte mir damals den Namen dessen zu, der seiner Vroni auf solchem Wege, ihrem täglichen Heimweg unter den Brücken hindurch, seine Verliebtheit vor Augen führte: Kai. Die Anbetung von Vroni tat er der ganzen Welt kund. Übrigens spielte man mir auch zu, wer Vroni ist. Sie stammt aus Düsseldorf, studierte in Berlin, wohnte in Neukölln, mußte stets dorthin unter den Yorckbrücken hindurch. Mittlerweile – mehr sei aus Gründen des Datenschutzes verschwiegen – ist sie eine Kollegin von mir irgendwo im südlichen Bundesgebiet. Es wurde übrigens kein dauerhafter Zweierbund von Kai und Vroni. Verliebtheit ist ja immer das eine, Liebe nicht immer deren Folge. Lodern ist das erste, Lächeln das zweite. Loderndes Feuer verzehrt sich rasch. Ewiges Lächeln ist grinsende Falschheit. Das Lodernde verlockt allemal zu Tollheit: «Wie alles von Natur sterblich ist, so sind alle sterblich Verliebten von Natur Narren.» Shakespeare ist immergültig, was sich hinter die Löffel schreiben sollte, der auch ihn glaubt ins Sprechblasen-Deutsche übersetzen zu müssen.

Kai hatte versucht, sich seiner Vroni über eine Yorckbrücke zu nähern. Die Brücke ist leider gefallen. Es ist im Übrigen ja auch gleichgültig, worauf oder woran sich ein liebeslodriges Herz mit vielen oder drei Worten austobt, es kann – Wie es euch gefällt – auch eine Baumrinde sein oder ein Zettel an einen Baum geheftet; denn Bäume wissen – weiß Gott! –, was es heißt zu sprießen und zu welken. Sie stehen für diesen Wechsel beispielhaft uns vor Augen: «Ich grabe mein Gemüt in alle Rinden / Daß jedes Aug', das diese Bäume trifft / Ringsum bezeugt mag deine Tugend finden. / Auf, auf, Orlando! rühme spät und früh / Die schöne, keusche, unnennbare Sie!»

28. Januar 2001

Kamel & Sünde

Wenn über eine dumme Sache mal endlich Gras gewachsen ist, kommt sicher ein Kamel gelaufen, das alles wieder runterfrißt. Das Kamel bin heute mal ich. Bin's aber arglos, um der dummen Sache versuchsweise einen Gegenwartsbezug zu geben. Ein junger, übrigens blitzgescheiter und dennoch liebenswürdiger Kollege hatte als Nachtredakteur (unter uns Kollegen Nachtschwester genannt) in bester Absicht, aber Unkenntnis eines alten Sprichwortes in meinem Text ein Wort verändert, es, wie wir das nennen, verschlimmbessert. Ich hatte geschrieben: «Das Pferd starb in den Sielen.» Als ich anderntags beim Frühstück las: «Das Pferd starb in den Seilen», fiel ich aus den Pantinen (und wenn der Kollege zugegen gewesen wäre, wohl aus der Rolle). Der Kollege hatte es für einen Buchstabenverdreher gehalten und wollte die Sache wieder zurechtdrehen. Also hatte er sich immerhin etwas dabei gedacht, wollte mir Ärger bei schulmeisternden Lesern ersparen, was die Angelegenheit also nicht zur dummen Sache machte – aber für mich zur peinlichen. Nun sah ich das Gegenteil auf mich zukommen, wovor der liebe Kollege mich schützen wollte.

Der allererste Angstgedanke jeden Autors geht dann in Richtung Scharfrichter. Die gibt es – vereinzelt – unter Lesern. Das ist die berufsmäßige Abart der Schulmeisterei. Von deren hybriden Bergen schleudern sie ihr Eisen auf Redaktionen. Weh dem, der Berg oder Eisen ankratzt! Übrigens ist Angst bei Zeitungsleuten völlig fehl am Platze. Aber Scherereien sind unbequem.

Nun, da ich das kommen sah, daheim beim Frühstück, erwog ich, was viele Autoren in solcher Lage erwägen, den Krempel hinzuschmeißen. Friedrich Luft hatte mal zwei Möglichkeiten erwogen: entweder sich zu entleiben oder hinzuschmeißen. Er wählte – gottlob! – den immergültigen dritten Weg – und machte weiter, bis er in den Sielen starb. Er hatte einen Schauspieler in einer Kritik Narziß genannt, die telefonische Aufnahme machte aus dem Narziß einen Nazi, und die Redaktion nahm daran keinen Anstoß. Das war gewiß tragweiter als die Seile, zu denen man mir die Siele nicht einmal sinnentstellend gemacht hatte; denn die Siele dürften sich aus den Seilen hergeleitet haben. Jeder, der diesen Zeitungsberuf angetreten hat, pexiert irgendwann Ähnliches. Was mich betrifft, so ließ ich bei der Zeitung, bei der ich volontierte, der «Welt» anno 1969, im Umbruch unterm Leitartikel des Chefredakteurs dessen Namen weg. Natürlich nicht aus Arglist, so weit trieb ich es nie, wiewohl mich in meinem Berufsleben hier und da ein Bubenstreich mächtig kitzelte – bei dem ich dann aber nichts zu lachen gehabt haben würde. Die Blitze aus der Hamburger Chefetage leiteten damals – nie werde ich das vergessen! – die Metteure in Essen von mir ab und auf sich. Ehrfurcht vor den Druckern, die es mal gab, als Lebenssätze noch in Blei gesetzt wurden.

Beim Gegenlesen dieser Zeilen machte mich ein junger Kollege – mit denen ich es in jeder Beziehung zu tun bekomme – darauf aufmerksam, daß das von mir gewählte Wort pexieren auch pekzieren geschrieben werden könne und fragte, zu welcher Schreibweise ich nun neigte. Als einer, der mit seinem Latein rasch am Ende ist, der sein Latinum nur cum acho crachoque gemacht hatte, sollte ich mich für die Schreibweise pekzieren entscheiden; denn das kommt der lateinischen Herkunft näher als das eingedeutschte x. Im Lateinischen heißt pecco unter anderem fehlen, sündigen, sich vergreifen, verkehrt machen – et cetera pp.

Ich habe als Kamel einen Wegrand abgegrast, grüße meinen inzwischen aufs journalistisch spiegelglatte Parkett abgewanderten Kollegen, danke ihm für eine keineswegs dumme Sache, die mir Stoff gab zu sagen: Sündigt mit Lust! Und zwar ohne Furcht vor eisenschmetternden Bergen!

4. März 2001

Besuch in einem türkischen Café

Vor mir liegt ein Bonbon. Es ist umhüllt von einem blauschimmrigen Papier mit rotem und silbernem Aufdruck: Elit Salon. Seine Enthüllung ergibt erwartungsgemäß ein klebriges Ding mit Ananas-Aroma. Aber das Wesentliche dieses Bonbons besteht darin, daß es uns mit weiterem Naschwerk auf einer Schale dargebracht wurde. Ich wähle das altmodische Wort, weil es ein wenig feierlicher klingt als das heischende «anbieten». Dargebracht zur Feier des muslimischen Opferfestes an dessen erstem von insgesamt vier Tagen. Hierfür trat der Türke hinterm Tresen des türkischen Cafés zu uns beiden vor den Tresen: zu mir gelerntem Berliner und meinem Freund Ufuk, dem waschechten, hier geborenen, hier verwurzelten Türken von Staats und Familie wegen. Wir nahmen uns jeder einen Bonbon, und dann wurden unsere Handteller aus einer Plastikflasche mit Kölnisch Wasser beträufelt. Ich öffnete meine Hände hierfür auf diskreten Rippenstoß meines eingeweihten Freundes und rieb sodann – wie er es vormachte – meine Stirn mit dem kühlenden Duftwasser. Es war gut, daß er mich hierher begleitete. So hatten wir, die ins türkische Café hereingeschneiten Gäste, Anteil an einer symbolischen Handlung des miteinander Teilens. Sie macht den Fremden nicht zum Fremdling, sondern heißt ihn als Gast willkommen.

Wir waren in eines der vielen Berliner türkischen Cafés, das «Picknick», eingekehrt, in dem sich nur Männer versammeln: zum Karten- oder Brettspiel, zum geselligen Palaver und Tee. Wir wechselten dorthin, nur ein Haus weiter, vom «Morgenland», einem Lokal an der Ecke Skalitzer-, Manteuffelstraße in Kreuzberg. Hier führt so ziemlich alles türkische Geschäftsnamen im Schilde. Und neben allen türkischen In- und Aufschriften blattert narbig in Fraktur das «DEUTSCHE HAUS» als Hinweis auf ein früheres Hotel. In Kreuzberg kreuzen sich verschiedene Kulturen auf auch komische Weise. Wir waren also recht aufgekratzt vom «Morgenland» nach nebenan ins türkische Café gewechselt. Freund Ufuk dämpfte behutsam meine Schnapsidee, mich unter die karten- und brettspielenden Männerbünde mischen zu wollen, mitzuspielen. Also pflanzten wir uns an den Tresen und bestellten Tee, der es hier verdient, Tee genannt zu werden. Ufuk ging ins Detail, bestimmte Herkunft und gleiche Machart der Teegläser, indem er sie gegen das Licht hielt. Das Licht ist durchaus grell zu nennen. Es flutet aus Leuchtstäben, die an der hohen Decke angebracht sind, herab, streift wandhohe bunte Landschaftstapeten. Ach, wie ungemütlich, sagen Sie? Keineswegs, sage ich. So muß es hier aussehen, nur so. Eher kahl als vollgemöbelt. Hell von oben, gemütlich in den Kreisen um die Tische herum: palavrige Geselligkeit beim Spiel. Über den Tischen wabert blauer Dunst, den die gemütlichen Männer mit Pfeifen, Zigarren und Zigaretten machen. Es sind hier durchweg Männer der ersten Generation, wie Ufuk, der Sproß der dritten Generation nach türkischer Rücksprache mit dem Türken hinterm Tresen erkundet hatte. Und keiner der hier versammelten Alten spreche Deutsch. Damit war mein launiges Vorhaben schon durchkreuzt, mich ihnen als Mitspieler zuzugesellen. Sie wären in ihrer Unterhaltung gestört worden. Das leuchtete mir ein. So sah ich den Männern nur eine Weile zu, wie sie ihre Karten oder Steinchen mischten, ordneten und ausspielten – so eine Art Rommé. Sie sahen nur kurz und freundlich auf, der Alte mit der kegelförmigen Bibermütze, sein Nachbar mit deutscher Schiffermütze. Im feierabendlichen Spiel ruhig gefaltete Gesichter. In ihnen zu lesen, ist an keine Sprache gebunden. Ich war unter diesen Männern Ausländer. Fremder ja, Fremdling nein; denn ich wurde als Gast bewillkommnet und beschenkt. Das, und nicht weniger steckt in diesem Bonbon, das vor mir liegt.

11. März 2001

Requiem für Berliner Bäume

Die Baumschlächter kommen frühmorgens. Sie sind bewaffnet mit Kettensägen, Seilen und Leitern. Ein Mann erklimmt die Krone. Bald ist das Kreischen weithin zu hören. Es ist nur unterbrochen vom dumpfen Aufschlag; denn der Baum wird – stammabwärts – in kleinen Abschnitten zerstückelt. Lebensabschnitte. Ein Beispiel aus Grunewald, vom Hagenplatz. Der Morgen, an dem das Kreischen weithin als Schrei zu hören war, vergällte mir den ganzen Tag. Es war eine prächtige Roteiche, Teil eines hohen Bäume-Doms, der in mehreren Menschenaltern emporgewachsen war, emporgewachsen in der klugen Selbstbeschränkung der Natur, die zum Himmel hin Respekt hat. Auch darin ist sie dem Menschen haushoch überlegen. Doch dessen Fällwaffen ist sie ausgeliefert. Der Baum hatte begonnen, sich zu räkeln, war aus dem Winterschlaf von Kleibern und Meisen wachgekitzelt worden. Aber da rückten die Baumschlächter an.

An anderen Tagen das gleiche Bild auf der Hagenstraße, in der nach und nach die Reihen der hohen Kastanien gelichtet werden. Baumschüler werden in die Lücken gepflanzt, von denen einige auch schon abgestorben sind. Hier, wie an vielen Stellen der Stadt, zu deren Schmuckmerkmalen ein beispielloser Baumreichtum gehört. Die bezirklichen Grünflächenämter pflegen ihre Fällurteile mit Hilfe bestellter Gutachten zu fällen. Sie sprechen von «Abgängigkeit» und meinen das allmähliche Sterben. Und sie führen ein verräterisches Wort ins Schlachtfeld: Verkehrssicherheit. Gutachterei auf mittlerweile allen Gebieten. Und der Bürger hat's gefälligst hinzunehmen, basta.

Die einstmals jungen Stifter heilsamer Unruhe hatten den Begriff «Fachidioten» ins Gesellschaftsspiel gebracht. Ein treffender Begriff für die Parzellierung, die Kleingärtnerei des modernen Lebens. Wir sind sicherheitssüchtig gemacht worden. Die Möglichkeit, daß ein Baum unter des Orkanes Wucht fällt und – gottbehüte! – ein abgestelltes Auto zertrümmert, genügt schon, ihn zu fällen. Da wurden sechs Bäume, mehr als haushoch gewachsene Kastanien und Linden, im Garten der St. Elisabeth-Kirchruine in Mitte gefällt, weil sie gefährdet und gefährdend gleichermaßen gewesen seien, wie Gutachter befanden. Sie standen an einer Hauswand zur Freude der nicht gerade mit Baumgebäuden verwöhnten Bürger dort. Nun kamen die Stadtpolitiker auf den durchaus freundlichen Gedanken, den Garten der Elisabeth-Kirche als öffentlichen Rosengarten anzulegen. Und wenn jeder dann dort lustwandeln könne, könnte er ja von einem abgestorbenen Ast getroffen, bei Sturm (wer lustwandelt schon bei Sturm in einem Garten, hä?) vom ganzen Stamm erschlagen werden. Die Kirchengemeinde, mit solchen Möglichkeiten konfrontiert, setzt nicht auf Gottvertrauen, sondern sieht sich schon vor irdische Gerichtsschranken befohlen, zwischen Baum und Borke gestellt. Dieses Sinnbild stammt aus uralter Holzfällerei, wo sich zuweilen die Axt zwischen Rinde und Stamm verklemmte.

Ich war kürzlich nach Jahrzehnten auf meinen alten Schulhof in Reinickendorf gepilgert, hatte alles in größerer Erinnerung wie immer, wenn ein älteres Auge auf Kindheitsdinge schaut. Auf dem Schulhof stehen alte Platanen und Pappeln. Sie wisperten zu mir herab: «Wie ging's denn all die Jahre?» – «Danke, alles in allem gut, und euch?» – «Wir stehen noch. »– «Das sehe ich.» – «Wir sind größer geworden. Uns genügt's jetzt.» – «Ja, alles andere kommt mir jetzt kleiner vor.» – «Ein alter menschlicher Irrtum», sagten die alten Bäume. Und die Platane setzte hinzu: «Ihr Menschen macht euch doch immer was vor, wie es euch gerade paßt. Wie sagt ihr noch? Es wächst kein Baum in den Himmel …» Bäume auf Schulhöfen sind gescheit.

1. April 01

«Franzke»

Eines Phantoms ist nach exakt zehn Jahren zu gedenken. Sein Name war Franzke. Im Jahr 1991 war's heraus: Franzke war nicht beseelt, er war ein Ost-Berliner Amts-Phantom. Für West-Berliner war es siebzehn Jahre lang ständig vertreten, wenn sie Ost-Berlin oder die DDR tageweise besuchen wollten. «Franzke» stand unter der Beantragung eines «Berechtigungsscheines zum Empfang eines Visums für Einreisen von Personen mit ständigem Wohnsitz in Berlin (West) in die Deutsche Demokratische Republik.»

Es war ein blaß-grünes Blatt. Beim Ausmisten meines Schreibtisches stieß ich in hinterster Höhle auf eine vergilbte Zettelwirtschaft, wie sie sich nur in einem ehemals West-Berliner Haushalt finden dürfte: drei mürbe Depotbescheinigungen über zusammen 76,70 DDR-Mark, die aus dem unverbrauchten Zwangsumtausch von täglich 25 DM in DDR-Mark (eins zu eins) stammten und nicht aus Ost- nach West-Berlin mitgenommen werden durften, sondern bei der Staatsbank der DDR hinterlegt und nie eingelöst wurden; außerdem das Franzke-Blatt. Bevor diese papiernen Zeugnisse einer Berliner Geschichte endgültig in den Müll geworfen werden, sei ihnen ein kleines Gedenken gewidmet, dem immerhin etwas Menschliches, ja Komisches anhaftet.

Im Juni '89, ein halbes Jahr vorm Mauerwanken, schickte ich «Von Tag zu Tag» (so heißt eine tägliche Glosse im «Tagesspiegel») einen Gruß an Franzke, hoffend, von irgendwoher gesteckt zu bekommen, wer in Wahrheit Franzke war. Im Besucherbüro Jebensstraße traf ich damals unter den braun uniformierten DDR-Bediensteten, die immer geschlossen in einem Barkas nach West-Berlin gebracht wurden, einen, der sogar lachen konnte. Das war selten bei jenen, die ihre Stempel, Kugelschreiber und Formulare auf penetrant korrekte Art vor sich aufreihten. Und die regelmäßig mein hartnäckig als Reiseziel genanntes Berlin durchstrichen und «Hauptstadt der DDR» darüber schrieben. Dort war Lachen nicht üblich. Einer aber lachte einmal und sagte zur Franzke-Frage: «Das ist die Genehmigungsstelle». Beim Ost-Berliner Innenministerium, wo ich mauerübergreifend telefonisch anfragte, wurde gesagt, mit Franzke könne man so nichts anfangen, es sei denn, ich sagte, ob es sich um den «Genossen oder die Genossin Franzke» handelte. So blieb der menschliche Namenszug eine Dienststelle, und dorthin schickte ich schöne Grüße. – Dann stürzte das Mauer-Regime. Und nun unternahm ich einen erneuten Versuch, um Franzke zu finden, der ja vielleicht doch ein Mensch ist. Es gab sogar Leser, die um Aufklärung baten, was ja Teil einer Vergangenheitsaufarbeitung sei. Im Bonner Innenministerium, wo man wahrlich mit Einheitsschularbeiten eingedeckt war, hatte man Humor genug, mich anzuhören und an eine Behörde in Ost-Berlin-Biesdorf zu verweisen. Auch dort trat ein humorbegabter Beamter ans Telefon. Es gebe zwar einen Rentner, der mal in der Franzke-Behörde war, der aber – ich möge das bitte verstehen – eine öffentliche Begegnung scheue. Ich verstand. Kurz: Franzke blieb ein Phantom. Seinen Namenszug aber ließ ich spaßeshalber graphologisch untersuchen. Hier traten folgende Eigenschaften zutage: «schwacher Unabhängigkeitswille, mittelmäßige Intelligenz, wenig beweglich im Denken und Verhalten, abhängig von klar umschriebenen Aufgaben» usw. All das wollte die Graphologin aus sieben Buchstaben herausgelesen haben. Wer auch immer seine Hand einem Phantom geliehen hatte, er hatte demzufolge Eigenschaften, die einem Funktionär eigen sind.

Im Telefonbuch von 2001 sind 166 Franzkes aufgeführt. Sie mögen sich bitte nicht verhohnepiepelt vorkommen. Ich gedenke ja nur eines Franzkes, der sich vor genau zehn Jahren als unbeseelt herausgestellt hatte. Also heute von hier aus letztmalig: Schöne Grüße an das Phantom!

6. Mai 2001

Warum es in Berlin keine fliegenden Fische gibt

Es war eine beiläufige Begegnung mit einem Angler am Spreeufer. Daraus eine kleine Geschichte zu machen, mag als Fingerübung nach langer, urlaubsbedingter Schreibenthaltung taugen. Es ist mit dem Schreiben doch immer so eine fließende Sache. Ist der Fluß ausgetrocknet, kommen die Fische nicht recht voran. Es kommt darauf an, diese oder jene Zutat beim Anrichten bekömmlich abzumessen. Beim alten Stechlin, ja bei Fontane selbst: «Etwas ganz Richtiges gibt es nicht.» Ich spazierte also am linken Spreeufer. An einer der Brücken hinüber nach Moabit trat ein bärtiger Angler aus dem Schatten, den die Stadtbahn-Stützen an diesem Sonnentag warfen, trat ans Geländer des Spazierweges und begann eine kleine Unterhaltung. Ich sagte etwas von schönem Wetter und fragte, ob denn die Fische fleißig bissen. Und bekam es mit einem Philosophen zu tun. Er legte dar, daß es Dinge gebe, die für den einen verdrießlich, den anderen erfreulich seien. Ich empfände das Wetter als schön. Na schön. Er sei als normaler Mensch ja auch der Ansicht, daß heute schönes Wetter herrsche, aber als Angler, als welchen ich ihn hier anträfe, sei Sonne eben beim Angeln abträglich: Fische bissen besser unter verhangenem Himmel. Er trete nun, so ungefähr fuhr er in der Unterhaltung fort, als benachteiligter Angler unter die liebe Sonne und verwandle sich augenblicklich in einen wie mich, der das Wetter genösse, schön nenne. Etwas blieb aber doch als Angler an ihm, auch unter der Sonne. Die Rute hatte er am Ufer befestigt. Wenn nun ein Fisch bisse, während wir abseits plauderten, rollte sich die Schnur ab, und der Fisch schwömme, den Haken im Maul verhakt, samt Schnur davon. Einerseits fand ich es schmeichelhaft, daß ihm ein Fisch und eine Angelschnur weniger wert zu sein schienen als eine Plauderei mit mir, fand das aber andererseits eine Gemeinheit gegen den Fisch. Der Rutenphilosoph aber sprach: «Der Fisch gewöhnt sich an die Schnur wie Sie sich an Ihre Brille gewöhnen.» Ein derart mit Haken und Schnur freigelassener Fisch sei ihm mal viel später an eine andere Angel geraten, habe ihm also die Schnur und den Haken zurückgebracht ... Nun bekam die Unterhaltung erst richtig Pfeffer. Von solchen Gespinsten, Anglerlatein genannt, lasse ich mich gern einwickeln wie auch vom Seemannsgarn. Beidem gleicht eines: Die phantastischen Geschichten werden nur halb geglaubt; das Hinzugedichtete gilt als glaubhaft, das Wahre als Dichtung.

Ich fand in einem Redensartenbuch den Brief eines Matrosen an seine Mutter. Da geht es von Colombo durch den Indischen Ozean über die Nordspitze Sumatras nach Singapur. Und zwar wurde das Schiff von fliegenden Fischen begleitet, deren Flug unser Matrose hübsch beschreibt: mit übergroßen Brustflossen, die dem hochschnellenden Fisch als Tragfläche dienten und bis zu zweihundert Meter trügen. Und so weiter. Und daß in Singapur eine derartige Hitze herrschte, daß das kochende Hafenwasser die geworfenen Anker zum Schmelzen und den Kapitän in Rage brachten, weil er nun neue Anker kaufen mußte.

Die Mutter bedauerte in dem Antwortbrief das Pech des Kapitäns, ermahnte aber den Sohn, doch immer hübsch bei der Wahrheit zu bleiben: «Die Geschichte mit den fliegenden Fischen haben wir Dir alle nicht geglaubt. Das ist doch sicher Seemannsgarn.»

Zurück an den grünen Strand der Spree: Hier gibt es keine fliegenden Fische. Sie ziehen es vor, unter Wasser zu bleiben, zur Not die abgewickelte Angelschnur wie eine Brille zu ertragen, sich mit den Anglern nicht unnötig anzulegen, ihnen doch lieber die Schnur wieder zurückzubringen; denn anderenfalls wäre mein Philosoph vom Spreeufer am Ende seines Lateins. Und ich säße auf dem Trocknen.

22. Juli 2001

Einstmals taugliche Treffpunkte

Es ist die Summe aller Kleinigkeiten, die einem Berlin zur Heimat werden lassen. Es sind die einzelnen Perlen, die aufgefädelt einen Zusammenhang bilden. Einiges verschwindet mit der Zeit, verblaßt oder wird verbaut. Es waren Anhaltspunkte. Sie taugten treffsicher für Verabredungen. Zum Beispiel im ehemaligen Ost-Berlin an der heutigen Dorotheenstraße nahe dem Bahnhof Friedrichstraße war es für West- und Ost-Berliner treffsicher, sich unter der Brandwand des Postscheckamtes zu verabreden, auf der geschrieben stand: «2 Ziehungen – doppelte Chancen! 6 aus 49».

Erst recht galt für ungestörte familiäre Ost-West-Verabredungen neben den christlichen Hospizen in der August- und Albrechtstraße vor dem Mauerbau auch der Coburger Hof in der Neustädtischen Kirchstraße – ebenfalls nahe dem Bahnhof. An dessen Brandwand steht recht verblaßt: «Trinkt Margonwasser prickelnd frisch!»

Die Lottowand 6 aus 49 wird jetzt von einem Neubau verdeckt. Er war letzte Woche schon über die Hälfte der 49 gestiegen. Für die zwei Ziehungen mit doppelter Chance ist's vorbei. Und nun erinnere ich mich einer flüchtigen Begegnung mit einer Frau lange vor dem Mauerfall. Sie war mit zwei Einkaufstaschen über die Gertraudenbrücke geeilt, setzte eine ab, um freie Hand zu haben, das bronzene Mäuseköpfchen an der Sockelecke zu Füßen der Heiligen Gertrud zu berühren: «Heute ist Lottotag, bringt mir vielleicht Glück.»

Mit der verblaßten Margon-Werbung am früheren Coburger Hof verbindet sich für mich eine kleine deutsch-deutsche, also Berliner Familiengeschichte. Sie spielte in den fünfziger Jahren auf dem Kurfürstendamm bei Kranzler. Schlesische Verwandte, die es nach dem Kriege in die Pirnaer Gegend verschlagen hatte, wo das wohl fluchwürdigste Sächsisch gesprochen wird, machten einen Ausflug nach West-Berlin. Das jüngste der Kinder, mein Vetter Andy, hatte im Kindergarten besagtes Idiom angenommen. Er wurde von der «Kranzler»-Bedienung nach seinem Getränkewunsch gefragt – wohlgemerkt auf dem Kurfürstendamm! Und was orderte der kleine Sachse? «Ä Murgonwosser.» Und damit war die ganze teure Westanverwandlung der Ost-Verwandten im Eimer (immerhin kletterte zuweilen der tägliche Ost-Westgeld-Wechselkurs auf eins zu fünf). Das Café Kranzler mußte übrigens bezüglich dieser aparten Bestellung passen. Freunde aus dem ehemaligen Ost-Berlin sagen mir heute, das Margonwasser habe in der DDR zur begehrten «Bückware» gezählt, also zu jener, die nur unterm Ladentisch gehandelt wurde.

Die Brandwand mit der Margonwerbung gehört also zum früheren Coburger Hof, den ich auch als bevorzugten Ost-West-Treffpunkt erlebt hatte. Nach dem Mauerfall ging ich in das unverschlossene, aber verwaiste Haus hinein. Im Treppenhaus gegenüber der Pförtnerloge hängt noch ein gläserner Stummer Portier für die Zimmer. An die Zimmertüren der Etagen sind noch die pappenen Nummern geheftet. In mir grimmte ein menschliches Rühren, dem augenblicklich abgeholfen werden mußte. Am Flurende war ein WC zugänglich. Ich trat ein, ergriff Besitz. Da polterte ein Mann vor der Tür: «Ist da jemand?» Ich antwortete nonverbal mit einem füglich dem Lokus vorbehaltenen Geräusch. «Was machen Sie denn da?» Dumme Frage. «Wie kommen Sie denn hier herein?» Noch dümmere Frage. «Das können Sie doch nicht einfach machen.» «Ich mußte, verstehen Sie, ich mußte mal.» Und zog zur Bekräftigung die Spülung. Seitdem ist, wie eine heimliche Nachprüfung letzte Woche ergab, der rettende Ort verschlossen und dies Kapitel abgeschlossen.

5. August 2001

Besuch beim Moabiter Buchbinder

Ziellos, mit viel Sonntagsblei beladen, schaukelte mein Gemüts-Nachen durch stille Stadtstraßen. Mal schwankte er zur trübetümpeligen Seite hin, mal zur erheiternden wie den Fenstern des Antiquariats Düwal an der Schlüterstraße in Charlottenburg. Dort war ein in Leder gebundenes Büchlein über E.T.A. Hoffmann aufgeschlagen. Anderntags wollte ich es mir kaufen, um den verwünschten Montag gut zu beginnen. Ich bekam das Buch aber nicht. Es könne gar nicht im Fenster gelegen haben, hieß es dort, weil man es überhaupt nicht im Bestand hatte. Düwal führte meine Wahrnehmungen auf ein für E.T.A. Hoffmann bezeichnendes Mysterium zurück. Das solle mich aber nicht weiter beunruhigen, es gebe noch heftigere Mysterien. So habe sich ein bekannter Berliner Literaturwissenschaftler unlängst in Prag in ein Antiquariat verguckt – auch an einem Sonntag. Über Nacht war es spurlos verschwunden. Bei mir war's nur ein Buch, beim Professor ein ganzes Antiquariat. Nun neige ich dazu, gewisse Erscheinungen ihres rätselhaften Reizes wegen im Ungewissen zu belassen.

Ohne den Gespenster-Hoffmann, aber um zwei bibliophile Mysterien bereichert, verließ ich am Montag das Antiquariat und hatte am Dienstag – dank Düwal – eine schöne Begegnung mit einem Buchbinder. Von diesem hatte mir der Antiquar erzählt: Schmidtke habe seine Werkstatt in Moabit, Perleberger Straße 4, und er hielte sie täglich von sechs bis dreizehn Uhr geöffnet. Nun brauche ich einen Buchbinder, der mir einige sehr alte (1826), am Rücken geschwächte Bände Walter Scotts wieder stärkt. So machte ich mich am Dienstag in aller Herrgottsfrühe von Friedenau aus auf ins Moabiter Land, um rechtzeitig um sechs Uhr unter den ersten Kunden des Buchbinders Schmidtke zu sein. Ich war nicht nur der erste, sondern auch der einzige, der je zu solch früher Stunde dort aufkreuzte. Über die Buch-Reparatur wurden wir rasch handelseinig. Dann entspann sich eine Plauderei. Der Endsechziger lenkte sie bald auf ein Feld, auf dem Bücher-Sammler ackern. Er selbst zählt sich zu ihnen von Jugend an. Schmidtke befreite aus einer hölzernen Handpresse Karl Mays «Ölprinz». Es waren Blätter der

Zeitschrift «Deutscher Hausschatz», in denen der «Ölprinz» als Fortsetzungsroman erschienen war.

Die ihm die losen Blätter zum Binden brachten, wollen ein zusammenhängendes Ganzes haben. Sammler wie er sammeln nicht als Kapitalanlage, sondern aus Liebe zum Druckwerk. Ihm wurden mal für ein einzelnes, ihm liebgewordenes Heft einer Sammlung hunderttausend Mark angeboten. Da liege, sagt er, ein Ungleichgewicht vor: Läppische hunderttausend Mark für einen unermeßlichen Schatz – das wäre Verrat. Ein einziges Mal, in erbärmlicher Hungerzeit nach dem Kriege, hatte er einen Verrat begangen. Der Sohn eines Bäckers handelte ihm für ein Brot die heißgeliebten, pfiffig beschafften Billy-Jenkins-Hefte ab. Nur wer je Hunger litt, kann solchen Verrat um eines Brotlaibes willen verstehen. Die Sache ging aber gut aus. Die Mutter des Bäckerjungen wollte solche «Schundliteratur» nicht im Hause haben und gab sie Schmidtke zurück. Das Brot war gottlob vertilgt – und nun auch die Schuld an Billy Jenkins getilgt.

Ob ich Stefan Zweigs Erzählung «Die unsichtbare Sammlung» kennte, fragte der Buchbinder. Ich kannte sie nicht. Ein erblindeter Sammler erfreute sich erinnernd der schönen Blätter. In einer Notzeit verkaufte seine Frau Blatt um Blatt und legte leere Blätter in die Mappe. Ein Besucher kam, und der Blinde zeigte diesem stolz seine Sammlung, machte ihn auf die einzelnen Schönheiten aufmerksam. Was der Blinde sah, sah der Sehende aber nicht …

Morgen ist wieder ein Montag. Und da werde ich bei Düwal fragen, ob er diese Erzählung von Stefan Zweig hat. Ich liebe Abrundungen.

26. August 2001

Wahrzeichen für die allgemeine Beliebigkeit

An Beliebigkeit, Gleichmacherei auf allen Ebenen sticht unsere Gegenwart alle überschaubar zurückliegenden Zeiten aus. Über allem hängt, nein: schwebt als ihr Wahrzeichen das Würstchen. Ich meine jene Würstchen, die zum Verzehr heiß gemacht werden, ob sie sich nun mit gestohlenen Namen schmücken als Bock-, Wiener-, Frankfurter, Jauersche-, Breslauer oder Krakauer Würstchen – alle sind sie – welch verwegenes Wurst-Bild! – über einen Kamm geschoren: gestopft mit der gleichen Menkenke. Was fürs Würstchen gilt, betrifft auch Prominenz. Sie hat zwar eine lateinische Wurzel, aber ihre einst hervorragende Bedeutung wurde entwurzelt, beliebig. Als prominent gilt nunmehr, wer über die Mattscheibe flimmert, sei es als Schwatzmeister oder mit gestempelter Banderole als Dauerwurst in Serien. Als solche werden sie in den Gazetten sogar zu Stars erhoben. Wir erleben die Würstchendemokratie. Sie schafft sich rasch jede Menge Prominente und Stars. Und läßt sie nach Verbrauch rasch fallen. Wer heute als Star gepriesen wird, ist morgen als Stern schon schnuppe.

Um nicht mit namentlichen Beispielen in Teufels Küche zu kommen, ziehe ich den Wurstkessel vor, der es freilich mal in sich hatte: das Taufwasser für die Bockwurst seligen Angedenkens. Diese Geschichte zählt zu meinen Lieblingsgeschichten, die ich immer wieder gern nach dieser oder jener Seite hin variiere. Mit eigenen Texten darf einer das. Und es kann nichts schaden, wenn Neu-Berliner in die Berliner Kulturgeschichte – hier in Wurstbrühe – eintauchen und lernen, was es mit der Bockwurst seligen Angedenkens hierzulande auf sich hatte. Ich schließe mich in diesem Fall ausnahmsweise einem herrschenden, beliebigen Kultur-Verständnis an.

Die Sache spielte in Kreuzberg, im Eckhaus Spreewaldplatz 2, Skalitzer Straße 46 B (damals noch Ecke Wendenstraße). Hier findet sich eine Eckkneipe. Jetzt ist sie in indischer, vordem war sie in türkischer Hand. Und vor sehr langer Zeit hatte hier der Büfettier Richard Scholtz eine Kneipe aufgemacht – in belaufener Gegend und günstiger Bahnhofsnähe (Görlitzer Bahnhof). Die Schankeinrichtung soll er auf der Treptower

Gewerbeausstellung (1893) erstanden haben. Sie zeigte gedrechselte Frauenbrüste und Löwenköpfe. Er schenkte aus, was schanküblich war: Bier, Schnäpse und – was nicht üblich war: Wurscht. Und zwar solche mit Tunke, Salat und Sauerkohl oder eene Kahle, also ohne Tunke, Salat und Sauerkohl. Er bezog die Würste vom Fleischermeister Löwenthal, Ecke Friedrich-, Krausenstraße. Dieser stopfte sie mit frischem Schweinefleisch, gepökeltem Rindfleisch, reicherte das an mit Knoblauch und viel Paprika. Diese derart prall gestopften Dinger machte Scholtz in einem Topf auf einem Kanonenöfchen heiß, das zwischen dem vorderen und dem ein paar Stufen höher gelegenen hinteren Gastraum gestanden hatte.

Am 1. September 1889 waren Studenten bei Scholtzen eingefallen und orderten diese Würste. Er servierte sie zu Bockbier. Die Studenten tauften sie auf den Namen Bock. Das ist die eine Deutung. Eine andere betrifft ein sinniges Bild: Es hing zwischen den gedrechselten Frauenbrüsten und Löwenköpfen und zeigte einen Bach, der dem Betrachter entgegenrann. An den Ufern – links und rechts – standen Ziegenböcke. Ein jeder zerrte an einem Ende der Wurst, unter der hindurch der Bach floß. Jede Wurst hat zwei Enden. Mir gefällt die Bock-Bach-Wurst-Version.

Eins verbindet beide Enden: Die Bockwurst entsprang in Berlin der Taufbrühe. Wer konnte damals ahnen, welches Schindluder auch mit ihrem ehrenwerten Namen in unserer Zeit der allgemeinen Beliebigkeit getrieben würde. Ehre ihrem Andenken! Fluch jeder Beliebigkeit!

9. September 2001

Auf dem Böttcherberg

Die beste Jahreszeit, um diesen Berg zu besteigen und von ihm hinab einen beruhigenden Blick zu genießen, ist der Herbst. Die beste Uhrzeit ist der Sonnenuntergang. Berg ist vielleicht ein wenig übertrieben, Hügel wäre wohl das zutreffende Höhenmaß. Ich spreche vom Böttcherberg. Auf dessen Höhe steht die «Loggia Alexandra». Das ist eine soeben aufwendig restaurierte, reizende Verspieltheit, die der Preußenprinz Carl 1869 in den Laubwald als halbrunden, zur Schauseite hin offenen Teepavillon hatte bauen lassen zum Gedächtnis an seine verstorbene Lieblingsschwester Charlotte, die verehelichte Zarin Alexandra Feodorowna. Ich frage mich freilich, ob der Tee hier oben, vielleicht im hinterwärtigen, engen Umgang oder auf der Dachterrasse zubereitet wurde; denn aus dem Schlößchen Kleinglienicke dürfte kein Tee über die Straße auf den Böttcherberg geschafft worden sein. Der Prinz hatte es mit den Teeplätzen, die er sich ums Schlößchen herum als Tee-Tempelchen hatte bauen lassen. Ihm gehörte um Kleinglienikke herum Wald und Flur. Und er machte aus allem mit Schinkels, Pücklers und Lennés Hilfe das, was wir heute als Garten- und Landschaftskunst genießen. Immer Italien im Sehnsuchts-Blick. Es gab und gibt zwischen Berlin und Potsdam, den königlichen Residenzstädten, schroffe Gegensätze. Hier aber an den Havelufern ist die Berührung arkadisch.

Ich machte also wieder mal eine kleine Böttcherbergtour, stieg aus dem Bus 116 vom Bahnhof Wannsee aus kommend am Nikolskoer Weg aus, wechselte über die Königstraße hinüber zur kleinen Straße Am Waldrand, bog nach wenigen Metern ab in den noch waldigeren Weg Am Böttcherberg. Er führt unter Buchen, Linden und Eichen hügelan zur «Loggia Alexandra». Wenn ich gesagt habe, die beste Jahreszeit dort hinauf zu wandern, sei der Herbst, die schönste Stunde der Sonnenuntergang, so will ich hinzusetzen: Dies alles ist am schönsten nur in Gesellschaft mit sich selbst. Neben der Loggia, zu deren Inneren der Zugang gesperrt ist, steht eine Parkbank. Von ihr aus geht der Blick über die kleine Tal-Lichtung und über Wipfel beim Jagdschloß Glienicke hinweg bis zu noch ferneren Baumreihen. Linker Hand grüßt der Turm von Schloß Babelsberg herüber.

Es ist hier oben augenblicklich alles feierlich. Sehr fern rauscht die Stadt. Solche Stimmung kann rasch zu falschen Tönen in der Beschreibung verführen, wenn Mutter Natur dem nicht vorgebaut hätte. Sie schickt Sauen ins Blickfeld. Erst ein Knacken aus dichtem Unterholz, dann Getrappel. Die Schwarzkittel brachen aus dem Gesträuch. Drei an der Zahl. Sie blieben sofort wie angewurzelt stehen, verhofften, äugten zu mir herauf, bedachten kurz ihre Lage und kamen zum Schluß, schleunigst kehrtzumachen. Ihr Schweinsgalopp hatte – im Vergleich mit deren fetten Vettern – etwas Sportives. Und sie gaben überdies ein grunzend-quiekendes Notturno. Die Sonne sank über Sanssouci. War das alles schön!

Und ich borge mir bei einem mecklenburgischen Tagelöhner des neunzehnten Jahrhunderts die allerschönste Beschreibung meiner Stimmung aus. «Jürnjakob Swehn, der Amerikafahrer» so heißt das neu aufgelegte Buch von Johannes Gillhoff. Eine Freundin schenkte es mir kürzlich zum Abschalten vom unerfreulichen Alltag. Dort las ich, was der ausgewanderte Bauernbursche seinem Lehrer ins mecklenburgische Dorf aus Amerika geschrieben hat: «So ein Berg ist manchmal eine ganz gute Einrichtung im Leben, wenn's man auch ein kleiner ist. Man kann sich da oben besser besinnen. Man kann sich da oben auch besser mit sich selbst bereden … Als das geschehen war, stieg ich wieder hinab und kam zu Menschen. Denn die Berge sind nicht dazu da, daß man da oben stehenbleibt.»

21. Oktober 2001

Hoffnungsbrücke

Ob ins Deutsche Theater, zu Tisch in den «Albrechtshof» oder zu einem ziellosen Bummel im liebgewonnenen Stadtteil – ich wechsle oft vom linken Spreeufer zum rechten hinüber, also direkt vom Bahnhof Friedrichstraße über den Schiffbauerdamm in die Albrechtstraße. Die Brücke ist nur für Fußgänger da. Sie ist schön. Sie wölbt sich über die von Ausflugsdampfern gepflügte Spree, auf deren flachen Wellen Möwen und Bleßhühner schaukeln. Tauben gucken von den Eisenstreben der Brücke aus zu und lassen es hin und wieder klacksen. Die Brücke ist überdacht. Das heißt, über unseren Köpfen klopft die Stadt- und auch die Fernbahn. Es sind also genau genommen zwei übereinander liegende Brücken, die sich mit neun Bögen eisern gegen die Ufer stemmen. Die für uns Fußgänger hat keinen Namen. Aber ich finde, alle Brücken über die Spree – das sind wir ihr schuldig – sollten Namen bekommen, nicht unbedingt Personennamen, mit denen ohnehin die Wenigsten etwas anfangen können, wohl aber Namen, die für jeden ein Begriff sind. Ich will meiner Brücke heute einen geben.

Es gehört zu meinen sonnabendlichen Gewohnheiten auf dem Weg zum Albrechtshof vor Passage der Brücke, noch auf den Stufen vom S-Bahnsteig hinab zu ihr nachzusehen, ob ich ein Zwei-Mark-Stück bei mir habe. Wenn nicht, dann gehe ich zurück in den Bahnhof und wechsle es mir ein. Dieses Scherflein kommt dem Mann mit Hund am Ende der Brücke zu. Er heißt René, sein Hund Cäsar. Übrigens ist's ein schwarzer Schäferhund-Mischling mit sehr liebem Blick. René bettelt nicht mit Worten, nimmt aber gern mit glaubhaftem Dank. Und er sagt verschmitzt: «Ich will mal reich werden.» Er hat hier seit acht Jahren seinen gewohnten Platz. Kürzlich, als wir wieder ein wenig plauderten, machte Cäsar, der noch junge Hund, freudige Anstalten, mich zu bestürmen. «Er sagt ja nur Danke», sagte René. Und erzählte, daß er Cäsar der Bundeswehr abgekauft habe, anderenfalls er eingeschläfert worden wäre. Waaas? Ja, weil er nicht den Anforderungen der Bundeswehr gerecht geworden sei. Er belle immer sehr laut und lange, wenn geschossen wird. Er ist also nicht kriegsdiensttauglich (noch vor wenigen Monaten hätte ich im Zusammenhang mit der Bundeswehr wehrdiensttauglich geschrieben). Ich kraulte Cäsar besonders innig.

Es gibt Tage, an denen ich vor verzwickte Entscheidungen gestellt bin, sobald ich mich der Brücke nähere. Wem soll ich wieviel zukommen lassen? Jedem das Gleiche? So sei's; denn auch mit kleiner Münze läßt sich Gerechtigkeit üben um den lächerlichen Preis eines oder eines halben Bieres. Auf dem Scheitel der Brückenwölbung sitzt nämlich manchmal eine Musikantin. Sie spielt das Akkordeon. Mal spielt sie Musette, daß du dich über der Spree als über der Seine wähnst, mal sind's slawische Schluchzer. Unter den Tritten der Passanten schwingt die Brücke im jeweils angestimmten Takt des Akkordeons. Ich wartete eine Spielpause ab, um mit der jungen Frau ins Gespräch zu kommen. Sie hat dunkelwarme Augen, dunkelschönes Haar, weichvolle Lippen und gurrt das R: «Ich bin aus Rrrussland, kann nicht gutt deutsch.» «Woher in Russland?» «Aus Moskau!» Und man möchte nicht glauben, wie viel sehnende, hoffende Feierlichkeit in nur zwei Wörter gelegt werden können: aus Moskau! Die Unterhaltung kam nicht in Fluß, jedenfalls nicht mit Worten. Ich mochte die Frau auch nicht länger abhalten vom Musizieren. Und nenne sie insgeheim Nadeschda – Hoffnung.

Tragen wir nicht alle geheime Wünsche in uns und binden sie an Hoffungen? René mit seinem Hund, Nadeschda mit ihrem Akkordeon – sonst stünden sie ja nicht hier auf dieser Brücke. Hiermit nenne ich sie HOFFNUNGSBRÜCKE.

2. Dezember 2001

Zum Auf und Ab – oft mehr ab als auf – also dem gängigen Lebenslauf, gehört die Treppe. Die Treppe zu soundsoviel Stufen. Als Heinrich Zille 1892 von beengten Berliner Verhältnissen nach Charlottenburg in die Sophie-Charlotten-Straße 88 gezogen war, sich also hinsichtlich der Wohnung verbessert hatte, sagte er: «Nu wohn' ick vier Treppen hoch, bin also uffjestiejen.» In Berlin wohnt einer vier Treppen hoch, wozu der andere vierte Etage oder drittes OG überm EG sagt. Ich habe nun so eine Angewohnheit, wohin ich auch komme, treppauf die Stufen zu zählen und – oben angelangt – sofort zu vergessen, wieviele Stufen die Treppen haben. Nun könnte ich mir diese Zählerei insofern einfach machen, indem ich zwei Stufen auf einmal und dann die Summe mal zwei nähme. Diese Vereinfachung aber ist mit körperlicher Erschwernis verbunden. Und das will überlegt sein. Dabei habe ich ein durchaus gebrochenes Verhältnis zu Zahlen, zähle aber unverdrossen immer wieder. Zum Beispiel die Stufen der Freitreppe am Schauspielhaus. Es sind neunundzwanzig, das habe ich mir aufgeschrieben. In Karl Friedrich Schinkels perspektivischer Bauzeichnung vom Schauspielhauses zähle ich nur siebenundzwanzig Stufen zwischen den Treppenwangen mit den musizierenden Eroten und ihren Raubkatzen. Das zeigt doch, daß Treppen nicht nur ausgetreten werden, sondern auch zuweilen zunehmen. Ein Treppenwitz.

Schinkels Freitreppe zum Schauspielhaus schritten hinan, die hinein wollten. In seiner detaillierten Baubeschreibung ist die Rede von getrennten Eingängen für die Fußgänger und die Wagen, für die letzteren die Vorrichtung, um in bedecktem Raume aussteigen zu können. Er zeichnete treppauf schreitende Menschen, und unterm ionischen Säulenportikus läßt er rechts eine Kutsche hinein-, links eine herausfahren. In unser heutiges Schauspielhaus gehen die Konzertbesucher unten hinein. Die Freitreppe ist besonderen Feierlichkeiten vorbehalten, und dann schreiten wenige Menschen über einen roten Teppich, der ihnen den Anstrich von Bedeutung geben soll. Im Sommer bekommen die Schinkelschen Freitreppen –

vorm Alten Museum im Lustgarten wie vorm Schauspielhaus am Gendarmenmarkt – eine besonders heitere Bedeutung. Dann machen sich junge Leute auf den Stufen breit. Denn Treppen sind nicht nur zum Beschreiten da. Man kann sie auch besetzen. Ich habe eine Lieblingstreppe in Berlin. Sie liegt weitab von der Stadtmitte, in Frohnau und führt am Ende des Edelhofdammes auf einen Hügel hinauf, auf dem seit 1924 das Buddhistische Haus steht. Es ist umgeben von einem sehr großen, teils bewaldeten Garten. Er ist für jedermann zugänglich. Auch hier habe ich die Stufen gezählt, ihre Anzahl allerdings nicht gleich wieder vergessen. Es sind dreiundsiebzig recht unregelmäßige Kalkstein-Stufen. Sie bedächtig zu beschreiten ist nicht nur sehr ratsam, sondern dahinter steckt eine symbolische Bedeutung. Ein alter Mönch aus Ceylon hatte mir mal den Hintersinn so erklärt: Wer den Hügel mit dem Haus erreichen will, der solle nicht hasten, solle sich sammeln, achtsam bergan schreiten. Die Stufenanzahl bezöge sich auf die dreiundsiebzig Arten des Wissens eines Buddha. Und die acht Treppenabsätze symbolisierten den edlen achtfachen Pfad, den Buddha die Menschen gelehrt habe, damit sie auf ihm wandeln und zum Ziel gelangen: der Erlösung vom Leid aller Vergänglichkeit.

Das leuchtet mir ein, ohne daß ich auch buddhistisch erleuchtet wäre. Aber wenn ich nach Frohnau reise, um auf dem Hügel der Buddhisten Stille zu finden, dann zwingt mich auf sanfte Art die Treppe zur Sammlung meiner fahrigen Gedanken. Und oben angelangt im großen Garten mit seinen Mulden und bewaldeten Teilen, habe ich das beruhigende Gefühl, über der Stadt zu stehen und dennoch in Berlin zu sein.

16. Dezember 2001

Honeckers «Siegeszug»

Vorm Schauspielhaus sind ins Pflaster des Gendarmenmarktes sieben steinerne Tafeln eingelassen, auf denen Textfetzen zugunsten Berlins stehen. Dagegen ist nicht viel einzuwenden. Nicht einmal, daß die Platten in einer Zeit ins Pflaster gefügt wurden, als die Mitte Berlins verrückt in den Osten war. Den politischen Osten, versteht sich ja wohl. Wie es sich ja stets verstand, daß das Schauspielhaus seit seiner Wiederherstellung 1984 der Musik geweiht wurde. Das hatte sich zwar bald in die entlegensten Winkel herumgesprochen, dennoch meinte ein Intendant nach der Berliner Wiedervereinigung es für gerechtfertigt halten zu dürfen, das vertraute Schauspielhaus in «Konzerthaus» umzubenennen.

Also vorm Schauspielhaus sind noch sieben Platten mit Sprüchen, die auf Berlin gemünzt sind, den Tritten ausgesetzt. Es gab auch eine achte Platte. Die wurde aber bald nach dem Mauerwanken aus dem Pflaster gelöst und zunächst ins Märkische Museum gebracht. Dort weiß heute niemand mehr, wo sich Erich Honeckers prophetische Platten-Worte von 1979 befinden. Sie lauteten: «Buchstäblich aus Ruinen auferstanden, wird das Berlin von heute immer mehr zum Symbol für den Siegeszug des Sozialismus auf deutschem Boden.»

Ein Raunen geht nun um, wonach diese schmählich verachtete Weissagung doch nicht unauffindbar sei. Es soll die Platte schon gleich nach der außerplanmäßigen Wahl im Jahre 2001 aufpoliert worden sein, um an geeignetem Platz fest in den deutschen Boden verankert zu werden. Hierfür ausersehen sei der noch immer namenlose, riesige Platz mit der Marienkirche und dem Neptunbrunnen vorm nun ja rot-rot Roten Rathaus. Auf daß die Schrift Honeckers erfüllet werde ... Die recht voreilige Entfernung dieser Platte vom Gendarmenmarkt hatte gleich nach dem Fall des SED-Regimes die Hegelsche Phänomenologie des Berliner Witzes Lügen gestraft. Deswegen ist Hegels Platz-Platte auch geborsten, deren Text so lautet: «Der Berliner Witz ist mehr wert als eine schöne Umgebung.»

Nicht nur Hegels Platte ist geborsten. Ein Plattenkundler hat mir das so erklärt: Jeglicher Stein, der unsere Wege als Pflaster ebnet, auch der harte Granit, ist Belastungen nicht grenzenlos gewachsen. Deswegen bekommen sie – wie unsere Granitplatten – Schweinebäuche. Wenn Sie mal beiläufig so eine Granitplatte aus ihrer Bodenhaftung ein wenig hervorheben, sehen sie unter der glatten Oberfläche eine Wölbung zum Erdreich hin und halten eine Schweinebauchplatte hoch. Die Spruch-Platten wurden, da sie keine Schweinebauchplatten sind, zu Bruchplatten. Auch jene von Albert Lortzing, dem man obendrein den zweiten Satzteil kurzerhand abgeschnitten hatte, damit Berlin eben gut wegkäme.

Auf der Platte steht, was Lortzing ein Jahr vor seinem sehr frühen Tod im Jahre 1850 nur zum Teil gesagt hat (er starb fünfzigjährig verarmt in seiner Heimatstadt, woran zum hundertfünfzigsten Todestag allenthalben auch nur ärmlich erinnert wurde): «Es ist mir, als ob ich von Berlin nicht wieder fortkommen würde.» Weggestrichen wurde die Satzfortsetzung: «… so wenig mir meine Vaterstadt eigentlich behagt mit ihrer kahlen Gegend und dem ekelhaften Dialekt.» Dieser hat sich freilich im ehemaligen Ost-Berlin, ja auch in der von Hegel so erwähnten Umgebung besser gehalten als der Berliner Witz. Und ohne diesen ist der ganze Dialekt wirklich nur – wenn nicht gerade ekelhaft, so doch mindestens nur eine halbe Sache.

Friedrich Schiller ist nicht nur als Standbild vorm Schauspielhaus vertreten, sondern auch mit einem Platten-Text: «Daß ein längerer Aufenthalt in Berlin mich fähig machen würde, in meiner Kunst voranzuschreiten … zweifle ich keinen Augenblick.» Auch dieser Spruch hat einen Sprung bekommen.

23.Dezember 2001

Baby, Bettler, Psalm

Für die kleine Dauer eines Ampelwechsels von Rot auf Grün bereitete mir ein Winzling im Kinderwagen großes Vergnügen. Einerlei wo, hier war's zufällig an der Schönhauser Allee. Zunächst gab das verrutschte Mützchen nur ein kindsfingerbeerkleines Näschen – mehr ein winziges zweilöchriges Knöpfchen – und das Mündchen frei; auf Nase und auch Mund haben Näschen und Mündchen noch keinen Anspruch. Dann aber rutschte die Mütze – einem Vorhang gleich – hoch und gab das unbefangene Minenspiel frei. Die Augen spielten – wie immer – die Hauptrolle. Ich lächelte dem Winzling zu. Er mir. Ich zwinkerte. Er blinkerte. Seine Augen hielten dem Blick von oben stand. Nur kurz wechselten sie die Spur hinüber zum Muttergesicht, als vergewisserten sie sich dort der empfundenen Zuneigung; dann kullerten sie zurück zum Fremden. Das Kind begann vergnügt zu strampeln. Ich frage mich oft, wie denn so ein Säugling aus dem stummen Augenblick eines fremden Erwachsenen dessen arglose Freundlichkeit ablesen kann. Und komme zu keiner anderen Erklärung, als daß nur diese ganz kleinen Kinder das Falsche vom Echten bei Erwachsenen unterscheiden können. Ihr Flirt ist auf eine reine Art schamlos; denn sie tauschen noch ohne zu täuschen. Die erste böse Erfahrung wird einmal das Fundament für die unvermeidliche Mauer legen, hinter der sich der Mensch vorm Menschen in Sicherheit zu bringen sucht, sich diesen hübsch auf Abstand hält. Das Ampellicht sprang um.

Am Kaufhaus ging es zu, wie es eben an einem Kaufhaus zuzugehen pflegt: wie vor einem Taubenschlag. Einer hatte es vordergründig nicht eilig. Er saß – übrigens auf regennaßem Pflaster – und hielt eine ungelenk beschriebene Pappe in bläulich geschwollenen Händen: Armut hat viele Gesichter. Hier hat sich einer von allzu vielen Leidensgenossen in der Stadt aufs nasse Pflaster gesetzt, um zu betteln, diese hilfloseste Art zu bitten. Er hat sich im wahren Wortsinn erniedrigt. Darin liegt der schmähliche Zustand eines Menschen, dem es an allem fehlt, der keinen anderen Rat weiß oder keinem anderen mehr traut. Nun komme mir niemand mit dem Hinweis auf noch ärmere Menschen in erbärmlich armen Weltgegenden, denen gegenüber es so einem wie jenem an der Schönhauser Allee doch noch gold ginge. Das klingt zwar weltläufig, aber an meinen Wegen ist der Erniedrigte mir zunächst der Nächste.

Wer sich in unserer doch rundum gesättigten Gesellschaft keinen anderen Rat mehr weiß, als sich derart zu erniedrigen, der ist verdammt arm dran. Wir sind ihren Anblick in der Stadt auf Schritt und Tritt gewohnt, doch wer sich an ihn gewöhnt, gibt den Erniedrigten schon verloren; denn zwischen Gewohnheit und Gewöhnung, gewohnt und gewöhnt, liegt ein hauchzarter Bedeutungsspalt: Wir müssen es uns zur Gewohnheit werden lassen, Anstoß zu nehmen an der skandalösen Armut, dürfen keine Gewöhnung zulassen.

Das Gebäude Schönhauser Allee 59 ist ein Ziegelbau von säuerlicher Strenge, erbaut in der Mitte des neunzehnten Jahrhunderts. Es diente als Männer-Siechenhaus, als Heim für alte, kranke und mittellose Männer, deren sich ein Verein erbarmt hatte. Das Haus steht unter Denkmalschutz. An der mittleren Fassade hoch droben finden sich zwei kreisrunde Reliefs. Durch den rechten Kreis lugt der kehlbratige Lockenkopf Martin Luthers, links das schmale Gesicht Philipp Melanchthons. Zwischen beiden steht auf breiter Steintafel geschrieben: «Und ob ich schon wanderte im finsteren Thal – fürchte ich kein Unglück – denn du bist bei mir – dein Stecken und Stab trösten mich». Es ist der 23. Psalm, Vers 4. Er mag das Haus-Grundgesetz gewesen sein. Man muß aufblicken, um den Psalm zu finden. Er steht mit dem Haus unter Denkmalschutz.

3. März 2002

Veilchen am Wegrand

Auf einer kleinen Straße in Friedenau, der Bachestraße, begegnete ich dieser Tage einem Kollegen. Nach dem üblichen wie geht's und ob ich noch immer bei derselben Zeitung, er noch bei seiner Zeitschrift sei, nahm das Gespräch seinen unter Journalisten üblichen Gang, dessen Richtung der Kollege sogleich zur abschüssigen Haushaltslage Berlins (er redete nur von der Hauptstadt) lenkte. Ich lief gesenkten Kopfes neben ihm her. Seitdem ich vor allem von zugestoßenen jungen Kollegen aus westdeutschen Regionen höre, wir Alt-Berliner hätten tief in der verschnarchten Provinz – also West-Berlin – auf Kosten streb- und arbeitsamer Bundesbürger gelebt, neige ich das schuldbeladene Haupt unter solcher Abrechnung. Und als der Kollege gerade bei einer ganz neuen, auf seiner jüngsten Pilgerreise nach Amerika aufgeschnappten Idee einer Überführung Berlins in alleinige Bundesregie angelangt war, mit keinem Regierenden oder anderen Bürgermeister, nur noch einem Berlin-Beauftragten, entdeckte ich auf dem Gehwegrand, dicht am Mäuerchen zum Vorgarten des Hauses Bachestraße 3, ein einzelnes Veilchen. Es zitterte im geringen Luftzug, und das Blau seiner Blüte war mit staubfeinen Sandkörnchen, die Regentropfen aufgepeitscht hatten, bedeckt. Ich blieb stehen.

Der Kollege war noch von den Wogen seiner amerikanischen Kaltwelle für Berlin um einige Meter auf der Bachestraße weitergetragen worden, als er merkte, daß ich hinter seinen Berlinplänen zurückgeblieben war und aufs Gehwegpflaster schaute: «Was ist los? Hundescheiße?» Ich wies ihn stumm aufs zitternde Veilchen hin. Er kam zurück und bemerkte obenhin: «Ein Veilchen. Na und? Ist ja jetzt wohl die Zeit dafür.» Und machte Anstalten, weiterzugehen und weiter zu dozieren, wie Berlin von den hauptstadtunwürdigen Berlinern getrennt und verbundelt werden müßte, um endlich hauptstädtisch zu werden. Für einen wie ihn, einen strebsamen Tatmenschen, hat alles seine geldwerte Zeiteinteilung. Mir war (bei Goethe!) klar: Dies ist kein Freund, mit dem du dich selig vor der Welt ohne Haß verschließen kannst, um mit ihm zu genießen. In solchen gedanklichen Ausflug versunken, fragte mich der Hauptstadt-Retter: «Was ist los mit dir, Ärger gehabt?» «Nee, Freude.» Er schwieg irritiert. Nun tat er mir fast leid. Er ist ja ein netter Kerl, immer à jour, so ein Hans-Dampf in allen finstren politischen Gassen, doch hier in der Friedenauer Nebenstraße verließ ihn der Sinn fürs Wesentliche. Und das bestand in einem vereinzelt am Wegrand blühenden Veilchen. Es zitterte so leis', daß man sich ihm schon entgegenbücken, nein: neigen mußte, um das zu erkennen. Es wurzelte zwischen zwei Mosaiksteinen. Der Kollege ging mit flüchtigem Gruß seiner Wege. Die Hauptstadt erwartete ihn mit Unruhe.

Ich blieb noch über das Veilchen geneigt und stellte mich vor eine schwierige Entscheidung: Soll ich das zitternde Blümchen pflücken und mitnehmen oder stehen lassen? Pflücken bedeutete, es vor einem Fehltritt zu bewahren. Andrerseits hat es doch auch einen Reiz, täglich nach ihm zu schauen. Also sagte ich: Bleib stehen, zittre nicht vor mir, du veilchenblaues, sandbestäubtes Veilchen. Ich werde täglich nach dir sehen kommen. Stehst ja an meinem Wege. Und ich sah täglich nach, bis zum Gründonnerstag, dann ging ich auf eine kleine Osterreise. Ich sah, daß kein Tritt das Veilchen zermalmt, niemand es gepflückt hatte. Es gehörte schon zur Straße. Gewiß, auch ein Veilchen hat seine bemessene Frist, aber diese kleine Weile zu nutzen, darauf kommt's an, das allein wiegt. In einer Vase wäre das Veilchen längst verblüht. Es lehrte mich, nie etwas bedenkenlos an sich zu reißen. Das gilt im Zarten wie im Groben: Wer versucht, Berlin den Berlinern zu entreißen, um es zu verbundeln, kommt bestenfalls mit einem blauen Auge davon, einem Veilchen.

31. März 2002

Räsonieren beim Rasieren

Beim Rasieren sollen Viktor Auburtin viele seiner Feuilletons eingefallen sein. Der Großartige war ausweislich der wenigen von ihm bekannten Fotografien stets tadellos rasiert. Diese alltägliche Pflichtübung eines jeden Mannes, der alles auf sich hält, nur keinen Bart, hat wirklich viel für sich. Die erste frühmorgendliche Begegnung mit sich selbst vorm Rasierspiegel ist ja auch die erste still-beredte Zwiesprache: Ick kenn dir zwar nich, aber trotzdem rasier ick dir. Der Mann bläst seine Backen auf, um in jeder Lebensfurche roden zu können. Er reckt keck das Kinn und geht sich geläufig an die Gurgel. Je nach Stimmung grimassiert er grimmig oder albern. Das sind kostbare Minuten, die du mit dir von Angesicht zu Angesicht allein hast. Du fichst widerborstig vorm vergrößernden Hohlspiegel gegen den Wildwuchs im eigenen Antlitz, stellst es geglättet her für einen neuen Tag.

Ein Bekannter – passionierter Bartträger, versteht sich – wollte mich ermuntern, meine alltäglich mit Rasieren verplemperte Zeit mal auszurechnen: Vergeudete Lebenszeit! rief er und warb für Rasurverzicht. Ich könne – riet er – doch diese zehn, fuffzehn Plemperminuten schöpferischer nutzen, weswegen ja – meinte er – viele Künstler Bart trügen. Ob ich denn schon mal darüber nachgedacht hätte. Worüber? Über die obligaten Bärte von Künstlern. Ebenso gut könnte ich die Warterei auf verspätete Bahnen und Busse auf ein langbärtiges Berufsleben berechnen. Zu welcher neuen Erkenntnis? Wer wartete nicht zeit seines kleinen Lebens immerfort auf etwas, das er vage mit Glück umschleiert, auf das er ebenso wenig Einfluß nehmen kann wie auf den Bus mit seiner verdammten Verspätung. Es kommt doch darauf an, wie ich mit der Wartezeit umgehe, sie mit etwas anderem ausfülle, um sie nicht zu verplempern. Der ratschlagende Bartmensch hat offenbar keine Ahnung von den stillen zehn, fuffzehn morgendlichen Aug-in-Auge-Minuten. Da grast der Feuilletonist gedanklich die Weide, auf die er gestellt ist, nach einem Feuilleton ab. Was läge da näher als der Bart an sich. Um diesen ranken sich – welch ein belustigendes Bild! – allerlei Redensarten.

In einem gescheiten Buch las ich, daß nach altgermanischer Vorstellung der Bart als wichtigster Teil eines Mannesgesichts galt. Beim Barte wurde geschworen. Aber es war nur dem Freien gestattet, bärtig zu bleiben. Der Knecht oder Sträfling hatte sich zu rasieren. Das führt uns ins Bayrische. Dort ist der Flegel, Lümmel, der Ungehobelte ein Gscherter, also Geschorener, Rasierter. Das ließ ich mir von publizistisch-bayerischer Seite, die in Berlin jetzt auf bundesdeutsche Belange ansitzt, bestätigen.

Und da kommt es nun wiederum darauf an, wer das Recht hat, über Gscherte zu befinden. Ein wildwüchsiger Bart macht noch lange keinen Künstler, er kann ein Gesicht zwar ziemlich verkrauten , aber an der entscheidenden Gesichtspartie, der Stirn über den Augen, bleibt das Antlitz eines Mannes bartfrei. Und wer sich in der Absicht, Herrschenden die Stirn zu bieten, einen Bart stehen ließ, hat sich dabei etwas gedacht. Ich denke an die vielen zumal protestantisch-bärtigen Bürgerrechtler der DDR. Hier wurden die Bärte zum leibeigenen Abzeichen gegen die Knechtschaft, gegen die glatte Anpassung, in der alles über einen Kamm geschoren wurde.

Unsere deutsche Sprache ist in ihren Redensarten bildstark. Nun können wir uns über Kaisers Bart noch so sehr streiten, es geht bei diesem Bart nicht um den eines Kaisers, sondern um ein in schwäbischen Mündern zerkautes Geishaar, also um das einer Zicke. Und das hat nun wieder eine noch tiefere Haarwurzel. Der Dichter Horaz hatte sich über einen seinerzeitigen Streit lustig gemacht, ob Ziegenhaare gleich dem Schafskleid Wolle genannt werden dürfte. Was schert's mich. Beim Rasieren kam mir der Gedanke, darüber ein wenig zu räsonieren.

7. April 2002

Abbitte

Einem Geier ist die Aasbeseitigung zugeteilt worden. Er räumt diesbezüglich hienieden auf. Und was macht der Mensch aus solchem Schöpfungsauftrag? Er verleumdet den Geier, indem er ihn zum Inbild menschlichen Ungenügens, zum Pleitegeier macht. Wie er ja auch das Schwein in den Dreck zieht, obschon das Schwein von seiner Natur aus kein Schwein im menschlichen Maßstab ist, nur vom Menschen abfällig zur Sau gemacht wird. Dem Hund ergeht es mit der menschlichen Gemeinheit nicht viel anders als den Geiern, Schweinen und weiteren Kreaturen. Will der Mensch einen anderen Menschen in seiner Würde herabsetzen, vergreift er sich schimpfend am Tierreich. Die Strafwürdigkeit liegt in der herabsetzenden Absicht, nicht jedoch im Schindluder mit der wehrlosen Kreatur. Unter diesem Gesichtspunkt ging ich in den Tierpark Friedrichsfelde, dort zum Geiergehege, um Abbitte zu leisten für die aktuellen Unterstellungen, des Geiers weite Schwingen würfen Schatten auf Landeshaushalt und Firmenbücher.

Zunächst einmal gilt es, eine Wortdeutung öffentlich richtig zu stellen. Der Pleitegeier hat mit dem Vogel überhaupt nichts zu schaffen. Im Jiddischen ist Geier der Geher. Und wenn einer Bankrott macht, geht er Pleite, die wiederum vom hebräischen Wort Pelita abstammt. Für höchst unerquickliche Umstände muß det arme Aas, der Geier, bildhaft herhalten. Also machte ich ihm und seinen Artgenossen im Tierpark eine abbittende Aufwartung. Die Geier sind nicht nur verleumdet, sie sind nun wirklich keine schönen Vögel. Ich muß aber einen mildernden Umstand nennen: Es herrschte äußerst zudringliches Wetter, regnete aus tiefhängendem Himmel, war kalt. Den aufgespannten Schirm unter die linke Achsel notdürftig geklemmt, mit der Linken die Mappe und den Schreibblock haltend, machte ich mir mit der naßklammen Rechten Notizen. Ein Wort meiner Kindheit fiel mir beim Anblick der hochdroben im graukahlen Geäst hockenden Geier ein: kaduck. Woher das stammt, weiß ich nicht, vielleicht aus dem Schlesischen, woher meine Familie stammt. Jedenfalls kennzeichnet kaduck einen niedergedrückten, ganz und gar willen- wie wehrlosen, ja fast schon unterwürfigen Gemütszustand. Die Geier zogen ihre Schultern hoch, ließen am Gefieder den Regen abtropfen, hatten ihre kahlen, faltigen Hälse eingezogen, sodaß nur die lachhaft spärlich befiederten Altmännerköpfe mit den hakigen Schnäbeln zwischen den hochgezogenen Schultern hervorlugten.

Mit ihnen ist eben kein Staat zu machen wie mit einem Aar. Deswegen nimmt man den Geier als Sinnbild für Pleiten. Ihr tut mir leid, dachte ich mit himmelwärts gerichtetem Blick. Dort hockten sie in ihrem Gehege auf steingrauem Astwerk über dem hingeworfenen Aas, schmierigen Innereien und hinten ein halb abgenagtes Kalb oder Reh, aus dessen Fellfetzen der hohle Brustkorb hervortrat. Ich fühlte mich scharf beobachtet, wo doch kein Mensch bei diesem Regen weit und breit zu sehen war. Da hockte am Boden auf einem flachen Astbett ein Geier, reglos. Seine großen Augen hatten mich gefaßt, das milchige Augenhäutchen verriet das Leben. Vielleicht brütete der Vogel. Stille, wechselseitige Augenblicke von einem Geier und einem Menschen. In diese Stille hinein fiel ein klatschendes Geräusch. Vom hohen Geäst plumpste ein Geier herab, wobei er sich mit seinem Schnabel von Astgabel zu Ast abfing.

Zoobesuche bedrücken mich immer, besonders die lebenslang inhaftierten Raubkatzen, die mir wie alle Katzen nahe sind. Dieser Besuch im Tierpark galt einer Abbitte bei den verleumdeten Geiern. Ein Bußgang im Regen. Wer will schon wissen, ob die Geier das empfanden. Sie schwiegen, blickten, plumpsten. Und wo sie böse dreinschauten, unterschieden sie sich von den Menschen wesentlich; denn die Kreatur ist von Natur aus nie böse.

21. April 2002

Ekkehard Schwerk wurde 1938 in Bautzen/Oberlausitz geboren. Seit 1953 lebt er in Berlin. Nach Studienjahren (Medizin, Publizistik) und dem Zeitungsvolontariat (1969/70 «Die Welt») sowie einer Tätigkeit als Pressereferent einer Akademie ist er Redakteur beim «Tagesspiegel» (1972). Schwerk veröffentlichte u.a. das Buch «Berlin – wie keiner es kennt» (1975) sowie die Geschichte der Gauner-Gebrüder Sass: «Die Meisterdiebe von Berlin» (1985, Neuauflage 2001). Im «Tagesspiegel» schreibt er seit 1996 seine Sonntags-Kolumne «99 Zeilen Schwerk».

~~14,80~~ 2,59 €